Des POULES dans mon JARDIN

Johannes Paul est né dans le Sussex (Grande-Bretagne) en 1978 et a grandi dans une petite ferme peuplée de nombreux animaux. Après des études d'ingénierie mécanique à Brunel University, il obtint un masters de Product Design au Royal College of Art de Londres. Il fonde alors la société Omlet avec trois amis, dans le but de promouvoir l'élevage des poules chez les particuliers. Omlet est le fabricant de l'eglu (« igloo ») – un poulailler moderne conçu pour les petits jardins et qui fait de l'élevage des poules un plaisir simple.

William Windham est né à Norwich en 1978 et a passé ses vingt premières années dans la campagne du Norfolk. Il a étudié l'ingénierie à l'université de Cambridge et le design industriel au Royal College of Art. Depuis l'obtention de ses diplômes, il s'est consacré à la société Omlet et à la production de poulaillers pour le plus grand bonheur des amateurs.

Ouvrage publié pour la première fois en langue anglaise

Photographies : Neil Sutherland, Geoff Rogers
Illustrations : Martin Reed

Pour l'édition française
Traduction : Catherine Bricout, Nicolas Blot
Coordination éditoriale : Sophie Jutier
Relecture : Claudine Fragnaud
PAO : Nathalie Lachaud, Francis Rossignol
Photogravure : Chantal Mialon, Stéphanie Tridoux

ISBN : 978-2-8160-0413-7
N° d'éditeur : 8160
Dépôt légal : mai 2013

Achevé d'imprimer : mars 2014
Imprimé en Pologne par Edica

Des POULES dans mon JARDIN

Johannes Paul et William Windham

ARTÉMIS
ÉDITIONS

Sommaire

Introduction

Un animal de compagnie original et gratifiant

La plupart des jardins peuvent accueillir des poules, car ces animaux affectueux et intéressants, peu coûteux à entretenir, demandent un équipement simple. Il n'est pas indispensable d'investir dans un coq ; en fait, à moins d'avoir des voisins très compréhensifs, c'est même déconseillé. Les poules pondront avec tout autant de bonheur sans ce compagnon. Ces volailles sont des animaux grégaires et il est préférable d'en élever au moins deux ; par ailleurs, elles ont de bonnes relations avec l'homme. Ces compagnes singulières vous distrairont et vous fourniront des œufs délicieux sans exiger beaucoup de soins ni d'attention.

Depuis des millénaires

Notre poule domestique descend de la « poule rouge de la jungle » qui existait déjà dans le Sud-Est asiatique il y a 5 000 ans. Dotée de serres et d'un bec puissant, celle-ci ressemblait fortement à un oiseau de proie et perchait dans les arbres. On a également retrouvé la trace de types primitifs de poules dans d'autres régions du monde. En Amérique du Sud, les Indiens Araucans élevaient une poule qui pondait des œufs turquoise. La pureté de la race a été soigneusement préservée et on l'élève toujours.

Avec l'extension du commerce entre pays et continents, la poule s'est répandue dans le monde entier. Les marchands ne résistaient pas à l'envie d'offrir à leurs femmes et à leurs familles ces jolies volailles venues de contrées lointaines.

◀ Une vaste propriété n'est pas nécessaire à l'élevage de poules. Presque tous les jardins peuvent en accueillir deux.

La domestication et l'élevage

Les Égyptiens de l'Antiquité avaient mis au point une technique d'incubation artificielle qui fut le point de départ de la domestication massive de la poule, pour sa chair et pour ses œufs. Quant aux Grecs, ils tenaient en haute estime la force et la beauté du coq et en firent un symbole de courage. Ils organisaient des combats et le sacrifiaient également aux dieux. La majorité des foyers élevaient des poules pour leurs œufs. Leur cote de popularité grimpa en flèche lorsque la reine Victoria en reçut en présent. Les combats de coqs furent interdits et remplacés par des clubs et des expositions dont la tradition s'est perpétuée jusqu'à nos jours.

▼ Les poules domestiquées vivent au côté de l'homme depuis des milliers d'années.

Bon à savoir

Poules royales

La reine Victoria reçut en présent des poules cochin, une race grande et lourde, qui semblent porter un pantalon car leurs pattes sont entièrement emplumées. Les Anglais furent fascinés par ces énormes oiseaux dont ils n'avaient jamais vu l'équivalent auparavant.

Ils sont partout

Charlie, le coq de la Warner, le film d'animation Chicken Run, *qui met en scène d'infortunées poules voulant échapper à leur basse-cour, sont des exemples de la popularité universelle de ces animaux. Notre langue même y fait de multiples références ; ainsi la mère poule ou le papa poule, tuer la poule aux œufs d'or, la chair de poule, la poule mouillée, aller se coucher avec les poules, sont autant de témoignages de leur présence dans nos vies.*

Quel nom à quel âge ?

Si, à l'âge adulte, la poule est la femelle du coq, sans ambiguïté, le poulet est le petit de la poule, qu'il soit mâle ou femelle, de 3 à 10 mois. Avant d'avoir pondu son premier œuf, le poulet femelle est une poulette, puis elle devient une poule. Un jeune poulet mâle est un coquelet qui sera appelé coq à l'âge adulte.

L'anatomie

La tête

Si on la compare à nombre d'oiseaux, la poule a une tête fantastique. La crête charnue au sommet de la tête offre des formes très variées, de la crête simple, grande et retombante, aux petites crêtes hérissées. La crête et les protubérances plus petites situées sous le bec, appelées barbillons, gonflent et rougissent légèrement quand la poule va pondre. Sa vue perçante et la courte distance entre ses yeux et son bec lui permettent de picorer des grains de blé avec une précision stupéfiante. Mais la poule ne les mâche pas car elle n'a pas de dents, d'où l'expression « quand les poules auront des dents ». Si vous observez attentivement l'arrière du bec, vous remarquerez les narines.

► Les poules sont dotées d'un sens de la vue extrêmement développé ; leur vue est beaucoup plus perçante que celle de l'homme.

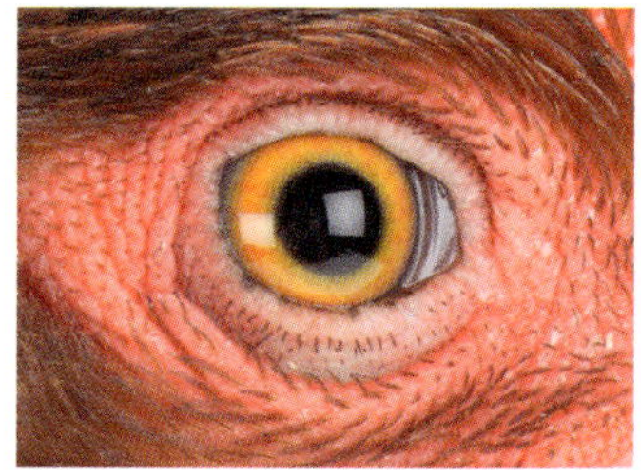

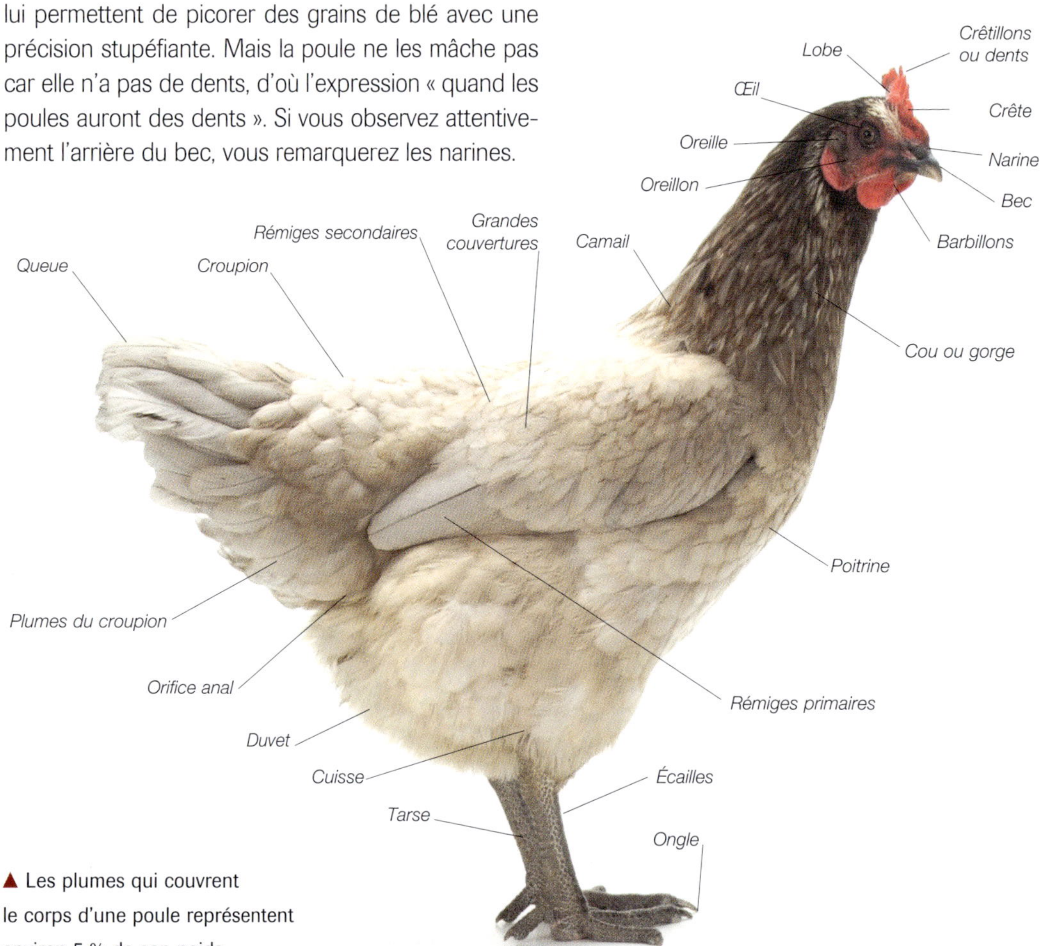

▲ Les plumes qui couvrent le corps d'une poule représentent environ 5 % de son poids.

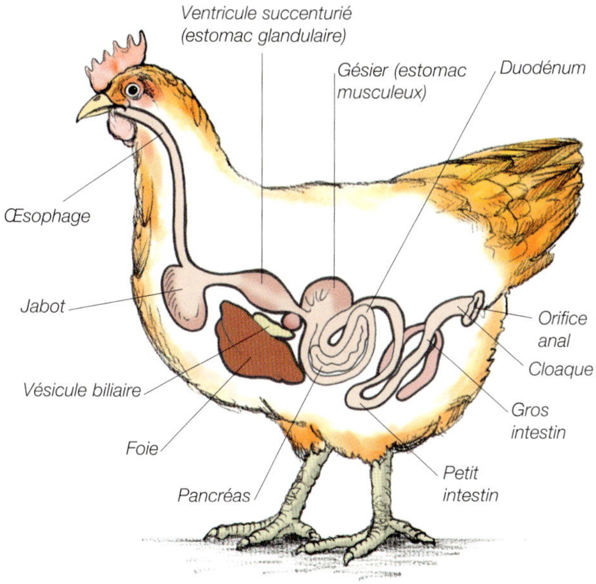

La digestion

Les aliments sont dirigés vers le bas le long de l'œsophage par une langue pointue. Ils passent d'abord par le jabot, première poche digestive où ils subissent un ramollissement préparatoire. Si vous palpez une poule à la fin de la journée, vous sentirez sur sa poitrine une boule à peu près de la taille d'une balle de golf. C'est le bol alimentaire du jour. Celui-ci passe ensuite dans le ventricule succenturié où se trouvent les sucs digestifs, puis dans le gésier, organe musculeux où les aliments sont broyés. Les petits cailloux insolubles que la poule picore participent au broyage. La digestion se poursuit dans les intestins où tous les éléments nutritifs et l'eau sont absorbés avant que les résidus alimentaires soient expulsés par l'orifice anal (ci-contre).

Bon à savoir

Le bec

Le bec est composé de kératine, substance qui forme également les ongles chez l'homme. Il arrive que la mandibule supérieure soit trop développée et chevauche la mandibule inférieure. Vous pouvez raccourcir la mandibule supérieure à l'aide d'un coupe-ongles, puis limer le bord. Si vous n'êtes pas certain de bien faire, il est préférable de consulter un vétérinaire.

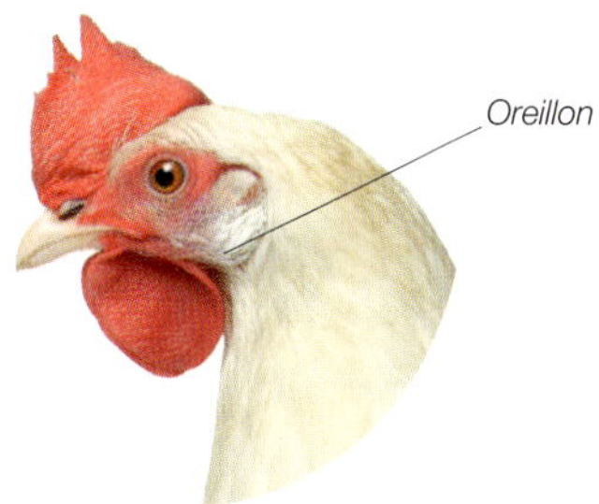

Le conduit auditif

La poule n'a pas d'oreille externe ; le conduit auditif aboutit sous une partie charnue à l'arrière de la face, l'oreillon. La couleur de ce dernier indique parfois la couleur des œufs. Si les oreillons sont blancs, il est probable que la poule pondra des œufs blancs.

Point de sortie

La poule est dotée d'un orifice d'évacuation commun pour les déjections et les œufs. Les terminaisons de l'appareil digestif et du système de reproduction se rejoignent juste avant l'anus, dans le cloaque.

Les membres

Les poules sont très mal adaptées au vol. Chez les races de petites poules, il arrive qu'elles réussissent des sauts impressionnants en battant des ailes, mais les plus grosses n'esquissent jamais le moindre décollage. Leurs ailes sont composées de plusieurs séries de plumes dont les plus grandes, les rémiges primaires, sont situées sur l'avant de l'aile. Si les poules sont incapables de voler, en revanche elles courent beaucoup plus vite qu'on ne l'imagine. Quelques races portent des plumes sur les tarses, mais en général les tarses et les doigts sont recouverts d'écailles qui les protègent lorsque la poule creuse le sol. Les doigts se terminent par des ongles qui sont limés naturellement par le grattage du sol.

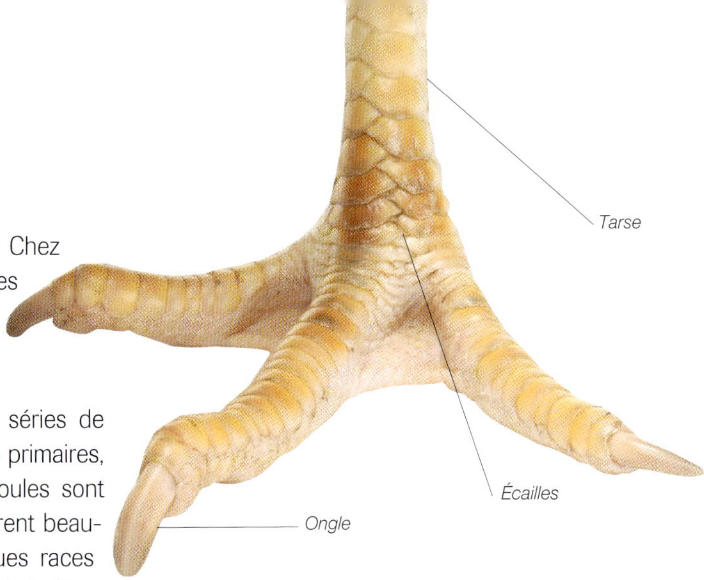

▲ Les écailles sont composées de cellules cutanées spécifiques. Par temps chaud, la circulation sanguine augmente et assure la régulation thermique des pattes.

▲ Les plumes sont un isolant thermique et une assistance au vol. Si les poules ne peuvent voler comme les oiseaux, elles arrivent généralement à parcourir une faible distance au ras du sol en battant des ailes ; vous devez donc veiller à ce qu'elles ne puissent s'échapper si elles sont dans un enclos.

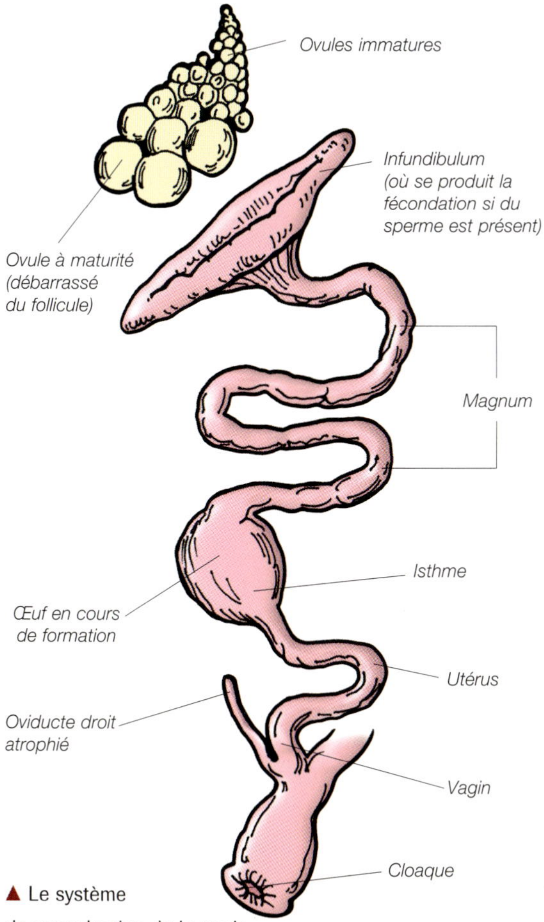

▲ Le système
de reproduction de la poule

La formation de l'œuf

L'abdomen de la poule contient une grappe de minuscules ovules (les jaunes) qui, un par un, vont être libérés et se développer jusqu'à la taille que nous connaissons. Lorsqu'un ovule est à maturité, il se détache de l'ovaire et descend le long d'une partie de l'oviducte (le magnum) à laquelle il est attaché et il est enrobé d'albumine (le blanc). Puis, dans l'isthme, de fines membranes se forment autour du blanc et l'œuf descend vers l'utérus où se forme la coquille. Lors des étapes suivantes, l'œuf se colore et se couvre d'une couche de protection (la cuticule). L'œuf est maintenant prêt à être pondu. La totalité du processus a duré 25 heures environ.

Bon à savoir

Lissage des plumes

La poule ne se contente pas des bains de poussière pour nettoyer ses plumes. Elle les lisse avec l'huile secrétée par la glande uropygienne située à la base du croupion.

▲ La poule utilise son bec pour transférer l'huile sur ses plumes.

Beaux plumages

Les plumes des poules ne sont pas seulement de teintes variées, elles présentent également d'étonnantes différences de texture. Celles de la nègre-soie sont souples et soyeuses et ressemblent davantage à une fourrure ébouriffée qu'à des plumes.

Le couronnement

La crête au sommet de la tête et les barbillons qui se balancent sous le bec différencient les poules de la majorité des autres oiseaux. Ce sont des organes sexuels secondaires, plus importants sur un poulet mâle ou un coq que sur la poule.

Les poulaillers classiques

L'importance de la conception

Les besoins des poules en matière de logement sont assez simples car elles passent la majeure partie du temps à l'extérieur. Le poulailler est essentiellement destiné à la ponte et au sommeil ou à fournir un abri en cas d'intempéries. Vous pouvez le construire avec des matériaux disponibles dans la plupart des magasins de bricolage ou l'acheter tout fait. La plupart des modèles sont en bois et généralement prolongés par un petit

▶ Il existe de grands poulaillers pour l'élevage de plus de 2 ou 3 volailles. Les modèles ci-contre sont conçus pour 6 à 10 poules (en bas) et jusqu'à 15 (en haut).

▲ Un poulailler de jardin simple doit être muni d'une porte solide bien fermée la nuit quand les poules sont perchées. Les prédateurs sont une menace permanente.

enclos. Les équipements élémentaires comprennent un perchoir, un pondoir et un système de sécurité contre les prédateurs. Lors de la construction ou de l'achat du poulailler, réfléchissez bien au nombre de poules que vous allez élever, à la facilité d'entretien et de déplacement.

La sécurité

Le poulailler doit être protégé contre tous les animaux nuisibles, entre autres les renards, les blaireaux et les rats. Veillez à ce qu'il n'y ait aucun trou par lequel pourraient pénétrer ces visiteurs indésirables. La porte utilisée par les poules pour entrer et sortir doit être munie d'un solide verrou car un animal obstiné, un renard par exemple, réussit souvent à ouvrir un simple loquet. S'il existe une autre porte qui permet la collecte des œufs, veillez à ce qu'elle soit également bien fermée.

Bon à savoir

Pensez à l'aération

Les trous de ventilation doivent être situés dans le haut du poulailler car les poules supportent très mal les courants d'air, le vent et la pluie. Une bonne aération évite de plus la formation d'ammoniac provoquée par les déjections.

Poulailler mobile

Les petits poulaillers en bois sont souvent équipés de poignées qui permettent de les déplacer. Les modèles plus grands ont parfois des roues qui facilitent la tâche. Un toit ouvrant est également très pratique car il offre un accès maximal pour le nettoyage de l'intérieur.

▲ Équipée de poignées et de roues, cette arche est facile à déplacer.

Décoration

Une couche de peinture de votre couleur préférée égaiera un poulailler en bois basique. Et pourquoi ne pas écrire le nom des poules au-dessus de la porte ? Ou guider des plantes le long des parois afin que la structure se fonde dans la végétation environnante ?

Le perchoir

Le perchoir doit être une barre à bords arrondis, de 25 à 35 mm de large, à laquelle la poule peut s'agripper confortablement avec les doigts. Le perchoir sera situé vers l'arrière du poulailler et, s'il y en a plusieurs, ils seront tous à la même hauteur et pas trop élevés afin que les poules puissent sauter au sol sans se blesser. Il arrive que certaines poules, plus grosses et lourdes, n'arrivent pas à se hisser sur le perchoir et dorment donc sur le sol. La moitié des déjections étant expulsées la nuit, placez sous le perchoir un plateau amovible qui facilitera le nettoyage.

◀ Les poulaillers existent en diverses tailles destinées à différents nombres de poules. Ils sont généralement composés d'un abri prolongé par un enclos grillagé. Les poules entrent et sortent par une porte située sur le devant de l'abri.

Les pondoirs

Installez au moins un pondoir pour quatre poules, qui l'utiliseront à tour de rôle. Il peut être placé à l'intérieur ou parfois monté à l'extérieur de l'abri. Vous le garnirez de paille, de copeaux de bois ou même de lambeaux de papier. Évitez le foin qui risque de développer une moisissure nuisible à la santé des poules. Si la porte ou un volet se trouve dans la paroi à côté du pondoir, la collecte des œufs sera plus facile.

▼ Le grand cabanon peut contenir jusqu'à 24 poules.

1 Toit de l'espace de ponte.
2 Porte coulissante.
3 Paroi latérale (amovible pour le nettoyage).
4 Perchoir amovible en gradins.
5 Rangée de pondoirs.
6 Cloison séparant les pondoirs.

Bon à savoir

Toujours impeccable

N'oubliez pas d'appliquer une fois par an un produit de traitement du bois, pas uniquement à des fins esthétiques mais pour conserver un poulailler en bon état. Les intempéries risquent d'entraîner un phénomène de pourrissement. Éloignez les poules pendant que vous traitez et laissez le produit sécher complètement.

▲ Nettoyer les déjections est une tâche déplaisante mais essentielle.

Nettoyer à fond

Lors de l'achat d'un poulailler, optez de préférence pour un modèle dont les équipements sont amovibles. Les acariens se réfugient volontiers dans les interstices à l'extrémité des perchoirs et, si vous ne pouvez pas démonter ceux-ci, le nettoyage complet est impossible.

Le poulailler du XXIe siècle

L'igloo innovant

Ce nouveau type de poulailler est particulièrement conçu pour l'aviculteur novice. Il fournit tous les équipements nécessaires à deux poules pour dormir et pondre leurs œufs puisqu'il est divisé en deux zones, le perchoir et le pondoir. Comme les poules aiment s'agripper à une perche pour dormir, à l'instar d'une branche d'arbre, le plancher composé de barres leur permet de choisir l'endroit où elles vont se reposer. La paille n'est pas nécessaire dans cette partie, mais vous pouvez en garnir le pondoir. Les poules y pondront à tour de rôle, mais évitez de les observer car elles aiment leur intimité.

Facile à entretenir

Les surfaces en plastique lisse sont très faciles à nettoyer. Une brosse douce et un désinfectant ménager feront l'affaire pour l'intérieur – un nettoyage à la brosse par mois garantit l'hygiène du logis. Les perchoirs sont également amovibles et ne laissent donc aucun abri aux parasites tels que les acariens qui adorent les recoins cachés. Toutes les déjections tombent entre les perchoirs, directement dans un plateau coulissant que vous pouvez vider sur le tas de compost.

Derrière des portes closes

L'igloo garantit la chaleur en hiver et la fraîcheur en été comme les doubles vitrages d'une maison. L'air emprisonné entre les deux couches de la paroi maintient une température constante à l'intérieur. Une poignée permet de manœuvrer la porte de façade et de la fermer hermétiquement ; l'igloo est alors un abri sûr pour la nuit. Lorsque vous ouvrirez le matin, les poules se précipiteront pour réclamer leur petit déjeuner. Et vous trouverez peut-être un œuf tout frais dans le pondoir.

Bon à savoir

MAISON MOBILE

Si vous partez en vacances et que vous emportez vos poules chez des amis, vous les transporterez facilement et en toute sécurité dans cette unité. Essayez de ne pas leur imposer un trajet trop long, surtout par temps chaud. Les poules supportent assez bien d'être enfermées quelques heures, mais essayez de réduire le stress au minimum.

PROFITEZ DU SOLEIL

Après avoir nettoyé l'intérieur de l'igloo, laissez le soleil pénétrer quelques heures avant de remettre le toit en place. Les rayons UV tueront la majorité des micro-organismes qui ont une prédilection pour les endroits sombres et humides. Cette précaution mérite d'être prise une fois par mois.

PAS D'ENTRETIEN

Contrairement à un poulailler en bois, l'igloo n'exige aucun entretien à long terme. Inutile de traiter ou de peindre le plastique tous les ans ; un lavage et un nettoyage réguliers suffisent.

Les grands poulaillers

Quels sont les besoins ?

Si vous avez l'intention d'élever plus de quelques poules, il vous faudra faire l'acquisition d'un poulailler assez vaste pour les loger confortablement. La surpopulation, cause de stress chez les volatiles, risque de provoquer de multiples troubles et affections. Fabricants et revendeurs indiquent que leurs poulaillers sont conçus pour tel ou tel nombre de poules, mais n'oubliez pas qu'il s'agit de pondeuses « commerciales », relativement peu corpulentes. Si vous souhaitez élever des poules de plus grande taille, il convient de prendre cela en considération. Comptez environ 1 m^2 pour cinq poules. Vos poules seront-elles élevées en liberté ou en parcours cloisonné ? Dans le second cas, elles passeront davantage de temps dans le poulailler, faute d'arbres ou de buissons sous lesquels s'abriter par mauvais temps. En tout état de cause, ne retenez que le chiffre inférieur mentionné par le fabricant.

Des modèles modernes

Surfant sur le succès de l'igloo poulailler original, l'igloo cubique est un poulailler adaptable, qui accueillera de cinq à dix poules. Sa double paroi isolante et sa ventilation sans courants d'air tiennent les poules au chaud en hiver et au frais en été. Proposé en logis indépendant, il se place aisément dans un enclos existant, par exemple dans un verger clos de murs. Il existe également des versions prolongées d'un enclos intégré, à la fois sûres et faciles à déplacer. L'enclos standard fait 2 m de long, mais il est possible de le prolonger par l'ajout de modules d'1 m, en fonction du nombre de poules logées. À l'intérieur d'un tel poulailler, elles disposent d'un vaste pondoir au plancher en lattes à jour. Toutes les déjections tombent dans des plateaux coulissants, qu'il suffit de vider sur le tas de compost.

▼ Ce poulailler traditionnel en bois accueille jusqu'à 12 pondeuses ou 6 grosses poules. Il comprend 3 pondoirs séparés, sur le côté de la structure. Les parois latérales et les perchoirs peuvent être retirés pour faciliter le nettoyage.

▼ Cet igloo poulailler est conçu pour loger de 5 à 10 poules. L'enclos grillagé offre une bonne protection contre les prédateurs.

▼ Plus vous avez de poules, plus vous devrez assurer la sécurité du poulailler et de l'enclos.

Bon à savoir

De l'espace !

Si vous souhaitez élever une dizaine de poules, il vous faut un grand jardin. Si vous êtes novice, mieux vaut commencer par 2 ou 3 poules pour voir comment vous vous en sortez. Vous pourrez toujours en ajouter par la suite.

▲ Des poules dans votre jardin ? Les enfants vont adorer.

Les grandes races

Si vous souhaitez élever des poules de grande race (géante de Jersey, orpington fauve, brahma, etc.), il vous faut un grand poulailler, que vous ne devrez pas peupler au maximum de sa capacité : vos poules apprécieront d'avoir de la place.

Nettoyage

Davantage de poules, c'est bien entendu davantage de nettoyage. Si vous avez une dizaine de poules, un ménage régulier s'imposera.

L'enclos

Les petits enclos

Le mode de vie des poules dépendra de la taille de votre jardin. Nombre de poulaillers sont vendus avec un enclos qui les prolonge et où les poules passent le plus clair de leur temps. D'autres l'utilisent pour enfermer les poules en toute sécurité pendant leurs absences. Si vous envisagez de garder vos poules dans un enclos la plupart du temps, prévoyez un espace supérieur à 1 m² pour chacune.

▲ Par instinct, les poules grattent le sol pour y chercher leur pitance. Elles le feront en toute sécurité dans un enclos.

Les grands enclos

Entre le petit enclos et la liberté pour les poules de se promener partout à leur guise, la solution intermédiaire consiste à isoler une partie du jardin à proximité de la maison. Si vous créez une volière, veillez à la sécurité et n'oubliez pas de l'équiper d'un toit car les renards grimpent. L'herbe souffrira rapidement dans la zone d'ébats des poules ; une couche de copeaux d'écorce la protégera efficacement. Un petit enclos pourra être déplacé vers une nouvelle zone d'herbe fraîche et dénuée de parasites, la couche de copeaux sera ratissée et remplacée tous les mois environ.

▲ Un enclos en grillage fixé sur la façade prolonge le poulailler.

La protection de l'enclos

Il existe plusieurs méthodes pour dissuader les prédateurs de creuser un tunnel vers l'intérieur de l'enclos. Enterrer le grillage de l'enclos bloque les tentatives, mais a l'inconvénient d'interdire tout déplacement de l'enclos. Une autre solution consiste à construire un enclos entièrement en grillage, y compris le sol, mais celui-ci sera plus difficile à nettoyer. Vous pouvez également former une jupe avec le grillage, de 20 cm de large au moins. Elle empêchera un renard de creuser à la base de la paroi tout en vous laissant la possibilité de déplacer l'enclos.

▶ Les mangeoires et les abreuvoirs trouvent facilement leur place dans un enclos ; les poules s'alimentent ainsi dès qu'elles le souhaitent.

▼ Un igloo prolongé par un enclos est facile à déplacer dans le jardin – votre herbe appréciera.

Bon à savoir

Un peu de distraction

Il y a plein d'astuces pour distraire les poules qui restent en quasi-permanence dans un enclos. Par exemple accrocher une tête de brocoli qu'elles picoreront. Veillez à ne pas la placer trop en hauteur et qu'elles ne soient pas obligées de sauter pour l'atteindre car cela risquerait de perturber la ponte. Si vous installez un miroir dans l'enclos, vous serez étonné par le temps que les poules passent à se regarder.

▶ Le brocoli est une gourmandise qui plaît.

Grillage et mailles

Vérifiez que les mailles du grillage sont assez petites pour que les poules ne puissent pas passer la tête à travers, de préférence ne dépassant pas 2,5 cm. Pour plus de robustesse, préférez le « treillis soudé » au grillage à poulailler classique. Lors du choix du poulailler avec enclos, n'oubliez pas que si les parois de l'enclos ne sont pas verticales, les poules devront frotter leur crête sur le grillage pour picorer au pied de celui-ci.

Les aliments et l'eau

Les poules aiment la variété

Naturellement douées pour fouiller à la recherche de leur nourriture, les poules sont parfaitement aptes à se procurer la majeure partie de leur ration quotidienne si elles disposent d'un espace assez vaste et diversifié. Elles consomment des brins de verdure et des graines, des vers et des insectes, et elles trouvent de l'eau dans les flaques ou les soucoupes de pots de fleurs. Pondre un œuf demande néanmoins beaucoup d'énergie, et il est donc sage de fournir à une pondeuse un régime équilibré en protéines, hydrates de carbone, vitamines et minéraux, notamment si elle n'est pas élevée en liberté complète. Les aliments spécialement conçus pour les poules pondeuses sont la solution la plus sûre.

Une alimentation équilibrée

Une poule adulte a besoin d'environ 130 g d'aliments par jour. Les aliments complets préparés pour poules pondeuses se présentent sous forme de pâtée ou de granulés. Ils associent le blé, l'orge, l'avoine et le maïs. Les produits de bonne qualité contiennent du soja et aucune autre forme de protéines ; la composition végétarienne doit être mentionnée sur l'étiquette. La composition des granulés est identique à celle de la pâtée, mais les granulés ont une forme cylindrique qui facilite leur consommation. Si les poules sont confinées dans un enclos, mieux vaut leur proposer la pâtée ; la recherche de nourriture les occupera et elles alterneront les périodes d'alimentation avec d'autres activités. Veillez à stocker les aliments dans un endroit où ils ne prendront pas l'humidité.

De l'eau fraîche et propre

Il est vital de fournir à vos oiseaux de l'eau fraîche et propre. Changez l'eau de l'abreuvoir une fois par jour et, par temps très chaud ou froid, vérifiez deux fois par jour que les poules ont de quoi se désaltérer. Par temps chaud, une seule poule peut consommer jusqu'à 500 ml d'eau. Vous avez le choix entre les abreuvoirs en plastique ou en métal. Optez pour un modèle que les poules ne peuvent pas renverser ni piétiner, de préférence solide et facile à nettoyer.

► Ces abreuvoirs siphoïdes fonctionnent selon un principe de vide qui maintient un niveau d'eau constant.

▼ Les poules ne boivent pas comme les humains, elles doivent pencher la tête en arrière pour avaler les liquides.

Bon à savoir

Petites gâteries

N'hésitez pas à compléter l'alimentation de vos poules avec les restes des repas. Elles apprécient généralement les pâtes ou le riz cuit, les légumes et les fruits. Le plus simple est de leur proposer différentes choses et de voir ce qui leur plaît car elles sont parfois difficiles. Évitez de leur donner des aliments salés, sucrés ou gras, des agrumes et de la viande.

Du « grit » pour broyer

Les poules n'ont pas de dents et ne peuvent digérer les aliments qu'en les broyant dans le gésier à l'aide de petits graviers qu'elles picorent. S'il ne s'en trouve pas dans leur environnement, vous devrez les fournir. Placez un récipient rempli de « grit » dans l'enclos où elles se serviront selon leurs besoins.

L'alimentation des poulettes

Les poules qui sont encore trop jeunes pour commencer leur cycle de ponte demandent une alimentation appropriée que vous trouverez sous l'appellation d'aliment « de croissance », en pâtée ou en granulés.

Préparer le jardin

L'espace

Lors de l'achat des poules, assurez-vous que le nombre d'oiseaux correspond à la taille du jardin. Quel que soit votre désir d'élevage, une jardinière ne suffit pas ! En gros, on estime à 50 m^2 la surface nécessaire à deux oiseaux ; il est donc possible d'élever des poules dans un jardin de ville. Si vous disposez de l'espace suffisant et de différents types de sols, vos poules et vos plantes cohabiteront harmonieusement.

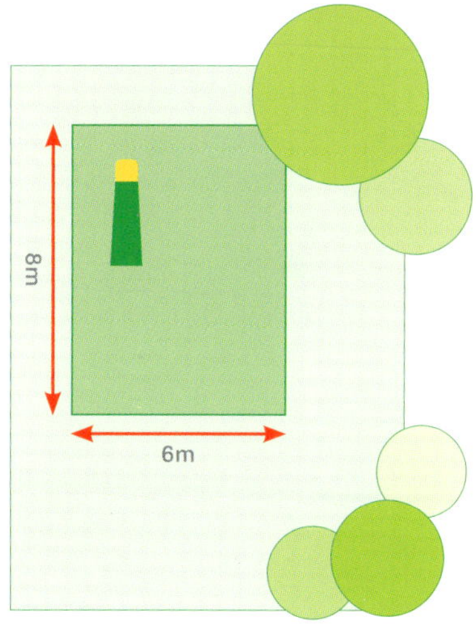

▲ Un espace d'environ 48 à 50 m^2 est amplement suffisant pour élever deux poules dans un jardin.

La cohabitation

Si vous entretenez des pelouses et des massifs impeccables, vous allez devoir vous préparer, ainsi que le jardin, à un peu de désordre. Qu'apprécient les poules dans un jardin ? Les zones broussailleuses où arbustes et buissons leur permettent de s'abriter et de se cacher. Les poules se nettoient en prenant des bains de poussière et recherchent donc la terre meuble, le fond d'un massif par exemple. Si elles ne trouvent pas d'endroit pour ces bains de poussière, elles sont capables de creuser leur piscine dans la pelouse – vous voilà prévenu ! Les poules ne sont pas naturellement propres et elles défèquent partout. Leurs déjections sont un apport précieux dans du compost, mais elles sont trop caustiques et corrosives pour être appliquées sur les plantes à l'état pur.

◀ Les poules et les gazons impeccables ne font pas bon ménage. Une prairie fleurie comme celle-ci est l'idéal.

◀ Les poules sont des animaux opportunistes qui se nourrissent d'insectes, de vers, de graines et de verdure en fouillant le sol alentour.

▲ Les poules offrent bien plus à leurs propriétaires que quelques œufs gratuits ; elles ajoutent une note vivante dans le jardin lorsqu'elles se promènent en picorant.

À l'abri des poules

Une clôture de 2 m de haut contiendra parfaitement les poules, mais rappelez-vous que, si elles ne volent pas, elles peuvent effectuer des sauts impressionnants ; veillez à ne laisser auprès de la clôture aucun support leur permettant de prendre leur élan pour la franchir. Les poules adorent grignoter les jeunes pousses et peuvent être un vrai fléau dans un carré potager. Il est prudent de protéger les précieuses plantules par un grillage souple ou d'isoler des zones particulières à l'aide de petites cages en grillage. Laissez vos poules semer le désordre uniquement où vous le voulez bien et accordez-leur une zone qui ne risque rien, à la terre nue, où elles gratteront à loisir.

▶ Le jardinier sourcilleux dressera un filet de protection qui tiendra les poules à l'écart de ses plantes les plus précieuses.

Bon à savoir

Produits dangereux

Si vous devez avoir recours à un herbicide ou autre produit chimique, des granulés antilimaces par exemple, veillez à tenir les poules à l'écart. Ne les laissez pas retourner dans la zone traitée avant d'être absolument sûr qu'il n'y a plus le moindre risque ; ce pourrait être mortel.

Bains de poussière en pot de fleurs

Si votre jardin est petit et qu'il n'offre aucun espace pour les bains de poussière, un grand pot de fleurs rempli de terre sableuse fera l'affaire. Vos poules se nettoieront avec plaisir et vous vous amuserez beaucoup à les observer.

Surveillez l'eau

Les poules ne savent pas nager et leurs plumes ont tendance à absorber l'eau, contrairement à celles du canard sur lesquelles elle glisse. Devant un bassin, il est probable que les poules se contenteront de boire sans essayer de nager ; il est néanmoins prudent de les surveiller la première fois qu'elles en approchent.

Acheter une poule

Où acheter ?

Il y a peu de chances que l'animalerie locale vende des poules. Consultez plutôt les annonces de votre journal local et des revues spécialisées et renseignez-vous auprès d'un vétérinaire ou d'un grainetier. Il est toujours préférable, si possible, d'aller voir les oiseaux soi-même dans leur environnement et de poser au vendeur toutes les questions que l'on souhaite. Choisissez des animaux du même âge et qui ont été élevés ensemble, c'est une garantie qu'ils sont déjà bons amis et risquent moins de se battre. Avant de partir, prenez toutes les décisions : combien de poules voulez-vous ; un coq ou pas ; préférez-vous une poule facile à soigner et bonne pondeuse (hybride) ou une race pure au charme exotique mais qui demande plus d'attention ?

Les signes de bonne santé

Une poule en bonne santé a l'œil vif, la plume luisante et elle est active et guillerette. La crête d'une poulette n'est pas encore grande et rouge, elle se développera à l'âge de la ponte. Les tarses doivent être lisses et la poitrine ferme. Vérifiez que le bec ne présente pas d'écoulement ; les yeux qui pleurent et un orifice anal souillé sont également des signes que l'oiseau n'est pas au mieux de sa forme.

▼ Il est sage de faire une visite chez l'éleveur et d'examiner l'oiseau avant de l'acheter.

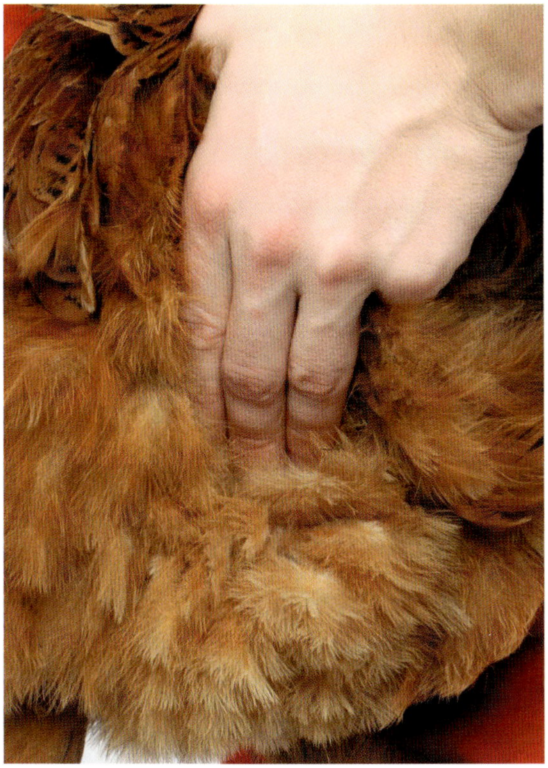

▲ Pour savoir si une poule est à maturité sexuelle (c'est-à-dire apte à pondre), on mesure la distance entre les os pelviens, comme le montre la photo : l'écart doit être de trois doigts.

Une poule de quel âge ?

Les annonces proposent parfois des poulettes prêtes à pondre, ce qui ne signifie pas qu'elles vont pondre pour la première fois. Demandez toujours l'âge précis de l'oiseau car certains vendeurs mettent des poules sur le marché au bout de deux ans afin de faire de la place à des sujets plus jeunes. Une poule qui n'a pas encore pondu est une poulette. Chez certains hybrides, on peut reconnaître le sexe du poussin d'1 jour, alors que chez d'autres, il faudra au moins 4 semaines pour un sexage garanti. L'idéal est d'acheter des poules d'au moins 16 semaines car, à cet âge, elles peuvent encore être apprivoisées et il n'y a pas le moindre doute sur le sexe.

Bon à savoir

Le look ou les œufs ?

Ne craquez pas pour la plus jolie poule que vous voyez – souvent plumage étonnant n'est pas synonyme de ponte abondante. Rappelez-vous également que les oiseaux aux pattes emplumées se couvrent vite de boue et que vous devrez passer du temps à les nettoyer.

Qui sont les parents ?

Si vous achetez une poule de race pure, demandez à voir les géniteurs. Vous aurez ainsi une idée assez juste de l'allure qu'elle aura à l'âge adulte, de sa docilité et sa sociabilité.

► Une poulette est une jeune femelle qui n'a pas encore pondu. La crête est plus petite que chez la femelle adulte.

Le premier jour à la maison

Transporter les poules

La première solution consiste à transporter les poules dans une boîte en carton spacieuse, garnie de paille et trouée pour l'aération. Sinon, vous pouvez employer une cage de transport pour petit chien. Veillez à ce que le contenant choisi soit bien pourvu en trous d'aération ; si vous les découpez dans une boîte en carton, pensez à le faire avant d'y placer les oiseaux. Si le trajet est long, vérifiez que les poules n'ont pas trop chaud, auquel cas elles halètent et étalent leurs ailes pour essayer de se rafraîchir. Faites des haltes toutes les 2 heures pour leur donner à boire.

Les autres animaux domestiques

En règle générale, les poules s'entendent bien avec les animaux de compagnie comme les chats et les chiens. Laissez-les s'acclimater quelques jours avant de leur présenter les autres animaux de la famille et opérez progressivement quand elles sont à l'abri dans leur enclos. Au début, les poules battront peut-être des ailes, ce qui ne fera qu'accroître l'intérêt d'un chien curieux ; avec le temps, ils devraient parfaitement s'entendre et se promener dans le jardin en faisant preuve d'un respect mutuel plein de bon sens.

▲ Couper les ailes est une méthode simple et indolore pour empêcher les poules de s'échapper d'un poulailler ou d'un enclos non couvert. Taillez les rémiges primaires d'une seule aile de façon que l'oiseau en vol soit déséquilibré.

Couper les ailes

Bien que les poules soient incapables de voler haut ou sur une longue distance, il est courant et indolore de leur couper l'extrémité des ailes – une seule plume coupée suffit à déséquilibrer l'oiseau. Il est possible que le vendeur se soit déjà chargé de cette taille. Si vous opérez vous-même, trouvez un assistant qui tiendra la poule pendant que vous couperez les longues rémiges primaires sur le bord de l'aile. À l'aide de ciseaux, taillez les six ou sept premières plumes au point où démarre la rangée de plumes suivante.

Bon à savoir

De la boîte à l'enclos

Si vous n'êtes pas sûr de bien manipuler les poules, ouvrez la boîte ayant servi au transport dans l'enclos. Cela vous évitera de passer l'après-midi à courir après les poules dans le jardin si l'une d'entre elles saute hors de la boîte de manière inattendue.

L'heure du coucher

La première nuit, les poules risquent de ne pas deviner où elles vont dormir. Placez une lampe de poche à l'intérieur du poulailler ; la lumière les attirera. Une fois qu'elles seront entrées, retirez la lampe de poche et fermez le poulailler.

Les premiers jours

Pour être sûr que les poules reconnaissent leur logis, gardez-les dans le poulailler et l'enclos pendant cinq jours environ. Quand vous les lâcherez ensuite dans le jardin, elles auront compris que le poulailler est un endroit sûr et agréable et elles y reviendront d'elles-mêmes à la tombée de la nuit.

Les œufs

Le plein de qualités nutritives

Les œufs pondus par vos poules sont vraiment frais et constituent une formidable source d'énergie. Un œuf moyen contient 70 % d'eau, 10 % de protéines, 10 % de matières grasses et 10 % d'éléments minéraux. Il offre également tous les acides aminés essentiels et les vitamines A, B, D et E indispensables à la santé. La quantité de protéines procurée par un seul œuf correspond à 14 % de la dose quotidienne recommandée pour un adulte. Un œuf complet apporte environ 75 calories dont les deux tiers présents dans le jaune.

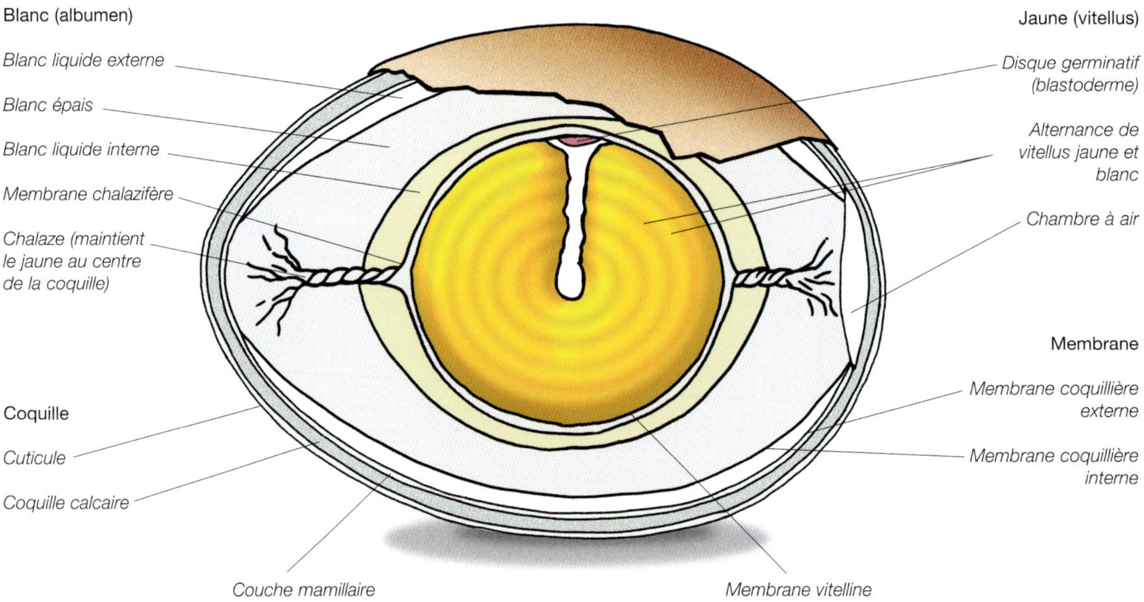

La taille et la forme

Les premiers œufs pondus par vos poules seront peut-être étonnamment petits, voire de la taille d'un grain de raisin. Ils grossiront au fur et à mesure que le corps de la poule se développera, jusqu'à atteindre un poids constant de 60 g. Il arrive que certains œufs aient une forme étrange, longs et minces, avec des zones rugueuses ou ressemblant à une boule de papier froissé. Ces anomalies peuvent être provoquées par l'âge ou une frayeur ressentie par la poule.

▼ Les œufs sont l'un des exploits de la nature les plus extraordinaires en matière d'emballage.

Le nombre d'œufs

Le nombre d'œufs pondus par une poule dépend de la race. Certaines poules hybrides pondent plus de 300 œufs par an alors que des races pures se cantonnent à 250 œufs par an environ. Les poules réagissent au nombre d'heures de jour et pondent par conséquent davantage en été qu'en hiver. Si vous élevez deux poules hybrides, vous ramasserez environ 12 œufs par semaine en été et seulement 8 œufs en hiver. Par ailleurs, une diminution de la ponte est également l'un des premiers signes que vos poules ne sont pas parfaitement heureuses.

Bon à savoir

À conserver au frais

Il n'est pas indispensable de placer les œufs au réfrigérateur. Ils se conserveront jusqu'à trois semaines dans un endroit frais, la pointe en bas. Pour vérifier qu'un œuf est encore frais, plongez-le dans un bol d'eau ; s'il coule, il est frais, s'il flotte, il ne l'est plus.

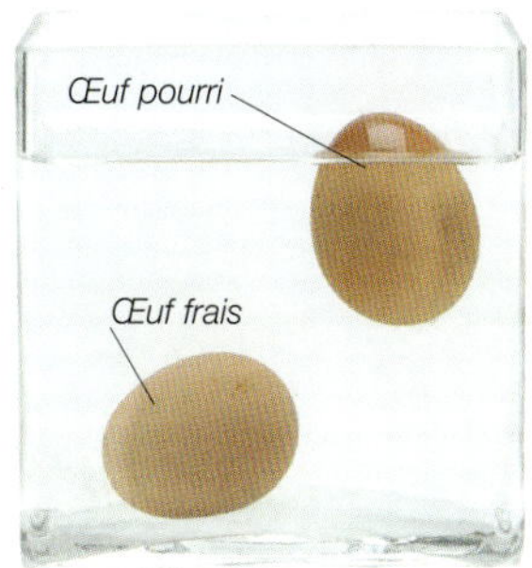

La teinte du jaune

L'intensité du jaune varie selon le régime alimentaire de la poule. Plus elle consomme de verdure, plus le jaune est vif. D'autres facteurs alimentaires influent sur la couleur : par exemple, quelques glands donnent parfois une teinte verdâtre.

Œufs mous

Une carence en calcium dans l'alimentation entraîne un ramollissement des coquilles. Vous pouvez laisser à disposition de vos poules des coquilles d'huître concassées vendues dans le commerce ou faire cuire des coquilles d'œuf, les moudre et les mélanger aux aliments.

Les soins quotidiens

Le matin

Les poules ont passé une nuit dénuée de toute activité, simplement accrochées à leur perchoir, les yeux fermés. Dès que la lumière point, elles sont bien éveillées et prêtes à sortir pour aller se nourrir. Si elles ont plus de 18 semaines, il est probable qu'elles pondront dans les quelques heures suivantes. Si leur poulailler comporte un pondoir, elles vont s'y installer confortablement puis le quitteront environ 20 minutes plus tard, après avoir pondu. Si vos poules évoluent en liberté au grand air, vous consacrerez le reste de votre journée à chercher l'œuf !

▲ Le matin, votre première tâche sera de faire sortir les poules pour qu'elles aillent se nourrir.

◀ Les poules qui évoluent dans un enclos retourneront sûrement dans le poulailler pour y pondre.

Au cours de la journée

Les poules consomment la majeure partie de leurs aliments dans la matinée ; attendez donc qu'elles soient bien rassasiées avant de leur offrir des gourmandises. Le repas sera suivi d'une séance de lissage des plumes. Le bain de poussière qui introduira du sable et de la terre entre les plumes permettra de déloger les acariens. Par temps chaud, elles étendront peut-être une aile qu'elles feront dorer au soleil. Le reste de la journée se passera à gratter le sol à la recherche d'insectes et de morceaux de choix.

▲ Si vous élevez deux poules, vous ramasserez normalement deux œufs par jour en été.

À la fin de la journée

L'une des grandes qualités des poules est d'aller se coucher sans hésitation dès que la nuit tombe. Vérifiez que vous avez bien ouvert la porte du poulailler. Si elles sont disposées à aller se percher et qu'elles ne peuvent entrer, elles vont protester bruyamment et chercher une autre solution. Ce sera vraisemblablement une branche basse n'offrant aucune protection contre l'attaque nocturne d'un renard.

▲ Si vous laissez vos poules évoluer en liberté dans le jardin, préparez-vous à chercher les œufs partout car elles ne pondront pas obligatoirement dans le pondoir du poulailler.

Bon à savoir

Ramasser les œufs

N'oubliez surtout pas de ramasser les œufs vers 11 heures du matin. Si vous les laissez pendant quelques jours, vos poules risquent de vouloir couver. Ce comportement maternel peut durer jusqu'à 6 semaines, il est donc prudent de collecter les œufs tous les jours.

Les déjections

Veillez à ce que les déjections ne s'accumulent pas dans le poulailler. En général, un nettoyage hebdomadaire suffit, mais ces déchets nuisent rapidement au confort des poules et une vérification quotidienne sera bienvenu.

▲ Les poules apprécient un ombrage par temps chaud.

Veille météo

Si vos poules sont confinées dans un enclos relativement petit et que les températures sont extrêmes, qu'il s'agisse de neige ou de soleil, pensez à leur bien-être. Elles seront heureuses d'une protection supplémentaire.

Les précautions de saison

Au frais et au sec

La majorité des races sont assez résistantes et apprécient la vie au grand air toute l'année. Il est indispensable cependant de les protéger du vent, du soleil et de la pluie. Les différences de conditions d'une saison à l'autre influent sur leur comportement et le nombre d'œufs qu'elles pondent. Certes, elles sont moins actives en hiver, mais elles apportent de la vie dans le jardin toute l'année et attirent d'autres petits animaux.

Le printemps et l'été

Les poules sont sensibles à la lumière et, par conséquent, se lèvent plus tôt et se couchent plus tard au printemps et en été. Les jours les plus longs les incitent également à commencer à pondre si elles ont fait une pause pendant l'hiver. Lors des longues journées chaudes, les poules ont soif ; vérifiez donc régulièrement qu'elles ont suffisamment d'eau et n'hésitez pas à ajouter des abreuvoirs au besoin. Si vos poules se promènent en liberté dans le jardin, elles vous débarrasseront de ravageurs comme les limaces et les mouches, mais n'oubliez pas de protéger les plantes jeunes et tendres de leur voracité. Selon la race, l'instinct maternel des poules s'éveille au printemps ou en été ; c'est le moment de penser à ramasser les œufs tous les jours.

▼ Les poules font œuvre utile au jardin en picorant les insectes, mais elles sont parfois redoutables pour les jeunes plantes.

L'automne et l'hiver

Les poules sont bien protégées du froid par leur plumage mais n'apprécient guère d'être mouillées. Quand le temps se rafraîchit, elles passent davantage de temps à l'abri ; si elles ne le trouvent pas à l'extérieur, elles restent dans le poulailler. Si l'enclos est couvert, être au sec et protégées du vent les encouragera à aller manger. Vérifiez régulièrement que l'eau n'est pas gelée dans l'abreuvoir et accrochez dans l'enclos un filet à provisions garni de verdure que les poules picoreront. Vous ramasserez moins d'œufs en hiver en raison du raccourcissement des jours, et certaines races pures arrêteront même complètement de pondre. Par temps très froid, il est prudent d'enduire les crêtes de vaseline pour les protéger contre les gelures.

Bon à savoir

Les nuits plus longues

N'oubliez pas que lorsque les jours raccourcissent, les poules se couchent plus tôt et que vous devez donc fermer la porte du poulailler plus tôt.

Attention à la boue

Les races pures à longues plumes se couvrent de boue en hiver par temps pluvieux et leurs plumes s'abîment. Un sol bien drainé évitera ce problème, grâce à une couche de copeaux d'écorce par exemple.

En sécurité à la maison

Si vos voisins célèbrent les grandes occasions avec des feux de joie ou d'artifice, il est préférable d'abriter les poules dans la maison. Elles passeront la nuit dans un grand carton tapissé de paille et percé de nombreux trous d'aération, et vous les relâcherez dans le jardin le lendemain matin.

Un engrais de choix

Les fientes de poules ajoutées à votre compost l'enrichiront considérablement, et le sol du jardin en tirera tous les bénéfices. Vous pouvez également les appliquer telles quelles sur certaines plantes, notamment les groseilliers, mais méfiez-vous car cet engrais très fort brûle la plupart des plantes à fleurs.

▲ Par temps de gel, une noix de vaseline étalée sur la crête la protégera de la morsure du froid.

L'hygiène

Toutes les semaines

L'entretien hebdomadaire consiste à nettoyer le poulailler et à éviter les accumulations de déjections. Retirez et remplacez la paille souillée ou les copeaux et grattez les fientes. Un plateau amovible facilite grandement la tâche. Des feuilles de papier ou du carton découpé évitent que les fientes ne collent sur le sol et il est plus facile de jeter le tout. Veillez également à nettoyer à fond les mangeoires et les abreuvoirs pour couper court à toute infestation bactérienne.

◄ Un plateau à déjections amovible est facile à retirer et à nettoyer au jet d'eau. Rappelez-vous que les fientes sont un apport précieux dans le compost où elles se décomposent.

Désinfection et poudre antiacariens

En plus de l'entretien régulier du poulailler, il est essentiel de procéder à un nettoyage complet tous les quatre mois environ. Après le nettoyage hebdomadaire, retirez toutes les parties amovibles du poulailler – perchoirs, plateaux à déjections, etc. Désinfectez tous ces éléments et la structure à l'aide d'un produit en vente dans les magasins spécialisés. Ne négligez aucun recoin car les acariens prospèrent dans tous les interstices sombres et humides. Laissez le tout sécher au soleil ; les rayons UV tuent les organismes qui n'y sont pas exposés normalement. Pour terminer, pulvérisez de la poudre antiacariens. (Si le problème des acariens se pose réellement, appliquez la poudre aux poules, autour du cou et de l'orifice anal.)

▼ Les poulaillers en bois exigent des pulvérisations régulières de poudre antiacariens.

Copeaux de bois

Paille

▲ Les perchoirs exigent un brossage vigoureux de temps à autre.

L'entretien du poulailler

Un poulailler en bois doit être traité contre le pourrissement. Veillez à bien écarter les poules pendant l'application du produit. Commencez par vérifier qu'aucun élément n'est pourri et ne doit être remplacé, puis suivez les instructions portées sur l'emballage. Opérez de préférence le matin, de façon qu'il se passe le plus de temps possible avant que les poules ne réintègrent leur logement. Dans le cas d'un poulailler en plastique, l'entretien est beaucoup plus simple et se résume à un nettoyage à fond, à l'eau savonneuse.

▼ La paille est un matériau idéal pour tapisser le pondoir. Elle est facile à disposer et à retirer lorsqu'elle est souillée.

Bon à savoir

Bain de pieds

Il est fréquent que la boue qui s'accumule sous les pattes des poules se transforme en boules dures. Un petit bain de pieds tiède fera fondre ces boules pour le plus grand bien-être des oiseaux.

Garniture de pondoir

La paille ou les copeaux de bois sont d'excellentes garnitures de pondoir. Cependant, si vous optez pour les copeaux, vérifiez qu'ils sont spécifiquement destinés à cet usage. Les copeaux non préparés contiennent une poussière très fine qui risque de provoquer des problèmes respiratoires chez les volailles.

Pattes emplumées

Les oiseaux de couleur claire ou les races à longues plumes, à l'instar de la naine de Pékin, se salissent parfois énormément par temps humide en hiver. Nettoyez les plumes à l'eau tiède avec un peu de savon. Rincez soigneusement et séchez délicatement avec une serviette légèrement chaude. Évitez une température trop élevée qui abîmerait les plumes.

Manipuler une poule

Instaurer la confiance

Les premières fois où vous laisserez les poules sortir de leur enclos, choisissez le début de soirée de façon qu'elles ne s'écartent pas trop. Restez à côté d'elles et incitez-les à s'approcher en éparpillant alentour des gourmandises comme des grains de maïs ou des raisins secs. Vous les encouragerez en leur parlant et en leur tendant des aliments. Lorsque les oiseaux se seront habitués à manger dans votre main, vous pourrez commencer à les caresser. Évitez tout mouvement brusque et caressez délicatement les plumes de la poitrine et du dos.

▼ Nourries à la main, les poules apprennent à avoir confiance et à s'approcher de vous.

Une poignée de leurs graines préférées éveillera leur intérêt.

Utilisez vos deux mains pour tenir fermement le corps et empêcher les battements d'ailes.

◄ La première fois que vous essayez de prendre une poule, attendez qu'elle soit calme et évitez tout mouvement brusque.

Prendre une poule dans ses bras

L'étape suivante consiste à prendre la poule dans vos bras. Ayez le geste ferme et sûr : placez vos mains de chaque côté et plaquez les ailes contre le corps pour éviter tout battement. Soulevez la poule et tenez-la contre vous en la soutenant d'une main. Elle se débattra peut-être un peu, mais dès qu'elle se sentira en sécurité, elle sera sûrement ravie de rester dans vos bras.

Difficile à attraper

N'énervez surtout pas une poule en faisant de grands gestes pour l'attraper. Elle est capable de s'esquiver très rapidement et vous risquez de lui arracher des plumes si vous essayez de la saisir au terme d'un bond désespéré. Si la tâche se révèle trop ardue, laissez-lui quelques minutes pour se calmer avant de faire une nouvelle tentative. Il est parfois utile d'être plusieurs afin de lui couper efficacement toutes les issues.

► Une fois que vous avez attrapé une poule, tenez-la contre vous en la soutenant d'une main. Elle restera tranquille assez volontiers dans cette position.

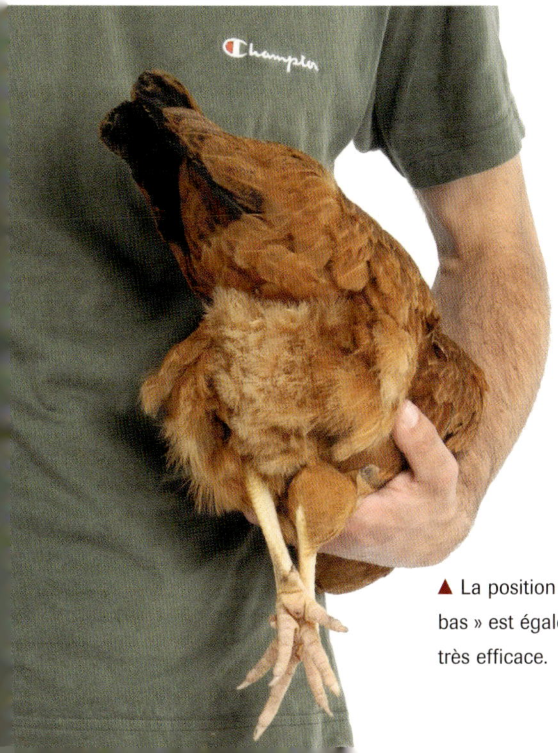

▲ La position « tête en bas » est également très efficace.

Bon à savoir

Sur le perchoir

Au début, il vous sera peut-être plus facile de manipuler votre poule après son coucher. Ouvrez doucement la porte du poulailler et soulevez délicatement l'oiseau, puis reposez-le de même. L'opération sera moins stressante pour chacun.

▲ Il arrive qu'un oiseau s'apprivoise de façon étonnante.

Bienvenue à la maison

Lorsque vos poules seront apprivoisées, elles n'hésiteront pas à sauter sur vos genoux ou votre épaule lorsque vous êtes assis. Et si vous laissez une porte ouverte, ne vous étonnez pas qu'elles entrent pour faire le tour du propriétaire.

Le comportement des poules

L'ordre hiérarchique

Tout groupe de poules se dote d'une hiérarchie. S'il y a un seul coq dans le groupe, il sera naturellement en tête, suivi des femelles dans un ordre rigoureusement établi. En l'absence de coq, les femelles créeront leur propre hiérarchie, ce qui n'ira pas sans quelques chamailleries et coups de bec violents. Plus le groupe est important, plus l'ordre est compliqué et long à se mettre en place. À moins qu'une poule ne soit réellement harcelée, n'intervenez pas, même si le processus s'étale sur plusieurs jours – elles finiront par régler la question et vivront en parfaite harmonie. L'introduction ou le retrait d'un nouvel oiseau déclenchera l'établissement d'un nouvel ordre.

▼ Dans chaque poulailler règne un ordre hiérarchique précis. Les nouveaux venus ou les jeunes oiseaux doivent y trouver leur place.

Le désir de maternité

De temps à autre, les poules peuvent avoir le désir de couver même en l'absence de coq. On constate l'éveil de ce désir lorsqu'une poule ne quitte pas le pondoir et devient grincheuse si l'on essaie de la déplacer. L'incubation des œufs dure 21 jours et, même si vous lui retirez ses œufs, la poule sort difficilement de cet état de conscience. Veillez à ce qu'elle ait accès aux aliments et à l'eau. Si elle ne sort pas d'elle-même une fois par jour pour se nourrir et s'abreuver, à vous de l'extraire du pondoir et de la mettre à l'extérieur.

▲ Quand une poule atteint l'âge de 1 an, elle commence à perdre ses plumes. Pas de panique, elle n'est pas malade. La mue est un processus naturel de remplacement des plumes qui dure environ six semaines.

La mue

La poule mue une fois par an. Elle perd des plumes sur tout le corps, en partant de l'arrière de la tête, puis sur le dos et le long des ailes vers le bas. D'abord un peu nue, elle a ensuite l'allure d'un porc-épic quand les nouvelles plumes commencent à pousser. Celles-ci ressemblent à des tubes courts et creux qui pointent à travers la peau. La ponte est interrompue pendant la mue qui dure environ six semaines.

Bon à savoir

Recoupez les ailes

Après la chute des plumes et la repousse des nouvelles, n'oubliez pas de couper celles-ci pour empêcher la poule de voler. Si vous remarquez une chute des plumes, vérifiez qu'il n'y a pas d'autre cause que la mue.

▶ Quand les plumes repoussent, il faut les couper.

Les meilleures mères

Certaines races sont plus maternelles que d'autres. Les naines sont de très bonnes mères et on leur fait souvent couver les œufs d'autres poules moins zélées. Les races hybrides sont moins enclines à couver et certaines ne le font jamais.

Une nouvelle venue dans le groupe

Si vous devez introduire un nouveau sujet dans un groupe organisé, procédez par étapes. Maintenez-les à l'écart l'un de l'autre, mais permettez-leur de se voir pendant la journée ; faites coucher la nouvelle poule dans un autre poulailler. Vous pourrez les mettre en contact au bout de deux ou trois jours. Il peut y avoir une brève bagarre, mais le groupe acceptera la nouvelle.

L'examen médical

Ouvrez l'œil

Le temps accordé à vos animaux est la première garantie de leur bien-être et de leur santé. Quelques minutes d'observation quotidienne vous apprendront tout de leurs comportements, habitudes et petites manies. Cette connaissance de leur comportement normal vous permettra de repérer le moindre malaise. Attrapez régulièrement vos poules et examinez-les rapidement. Cette précaution quotidienne permet de déceler une maladie à un stade précoce.

Les acariens

Les acariens appelés « poux rouges des volailles » se logent dans les trous et fentes des structures en bois et constituent l'un des problèmes les plus fréquents de l'élevage de poules. Ils ne vivent pas sur l'animal, mais sortent la nuit et l'escaladent pour se nourrir de son sang. La poule prend alors une allure anémique et cesse de pondre. Pendant la journée, inspectez soigneusement les perchoirs. Ces parasites sont rouges, se déplacent lentement et mesurent environ 1 mm de long. Si vous en découvrez, il faut traiter le poulailler avec une poudre appropriée que vous pulvériserez abondamment sur toutes les surfaces, en insistant particulièrement sur les recoins et les anfractuosités.

▼▶ Les poux sont des insectes parasites piqueurs qui vivent sur les poules. Appliquez une poudre insecticide vétérinaire.

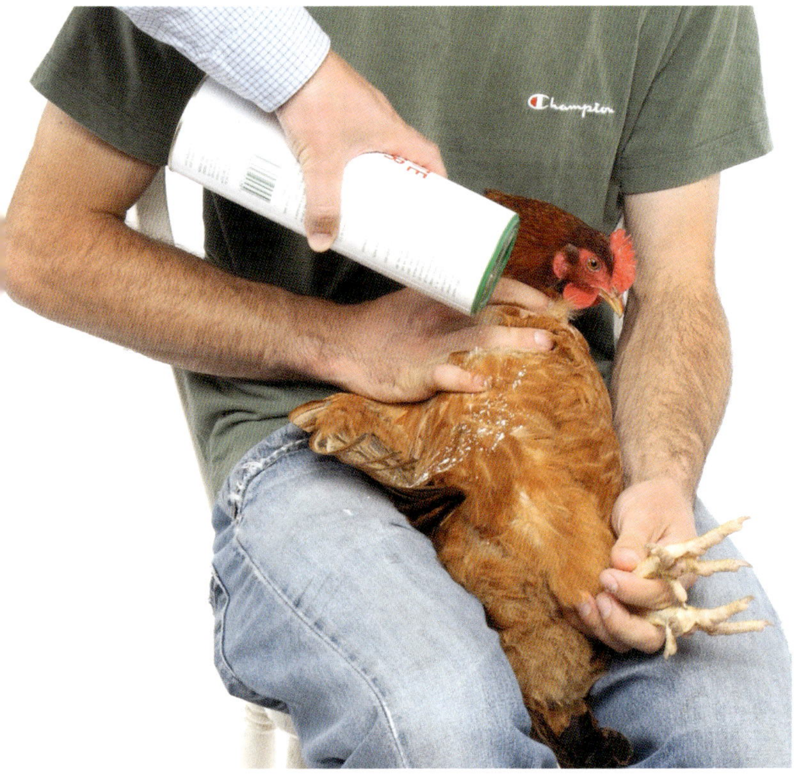

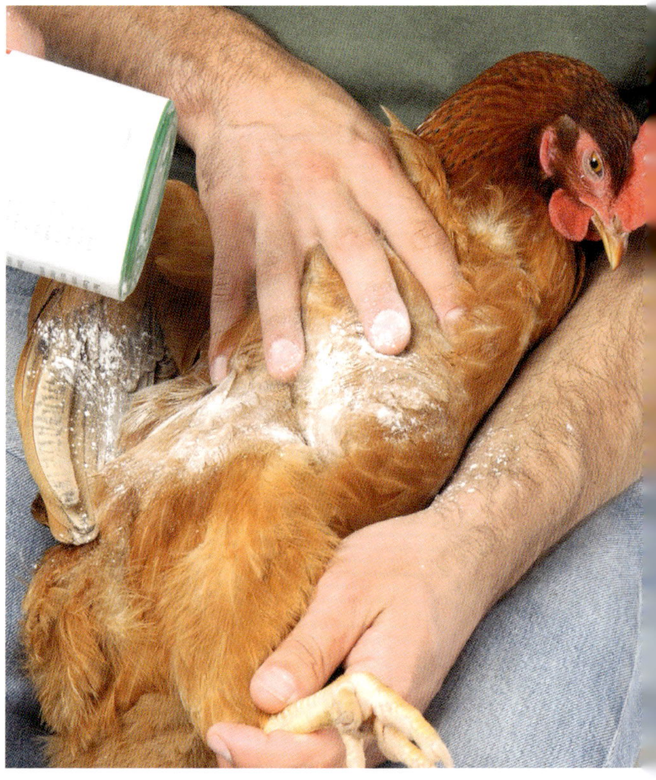

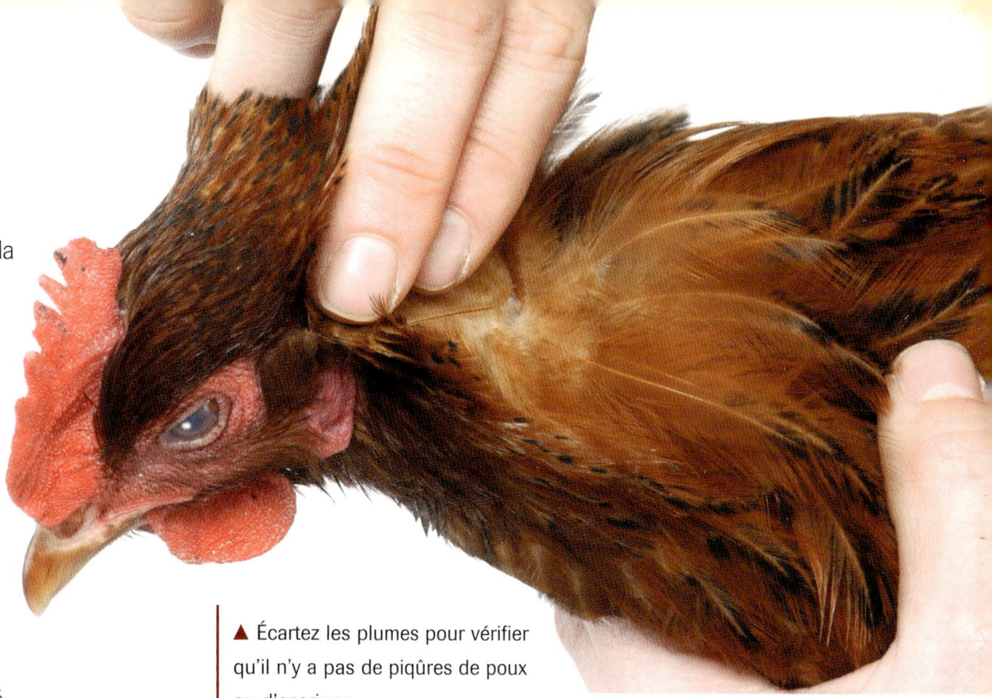

Cherchez les poux

Les poux vivent sur les poules, dans la litière sur le sol et parfois à l'endroit où les poules prennent leur bain de poussière. Soulevez les plumes autour de l'orifice anal et vérifiez sous les ailes ; vous découvrirez peut-être des poux brun clair et des grappes d'œufs. Les poux irritent l'oiseau et provoquent la chute des plumes. Le traitement consiste à appliquer une poudre insecticide sur la poule, dans le poulailler et le bain de poussière jusqu'à ce que le problème soit réglé.

▲ Écartez les plumes pour vérifier qu'il n'y a pas de piqûres de poux ou d'acariens.

La gale des pattes

Si vous observez de près les doigts et les tarses des poules, vous constaterez qu'ils sont couverts d'écailles. Celles-ci doivent être lisses et propres. Si vous observez des croûtes suspectes, elles sont dues à d'autres acariens logés sous les écailles, qui soulèvent celles-ci et provoquent leur chute. Traitez les poules en faisant tremper leurs pattes dans de l'alcool à 90° deux fois par semaine jusqu'à guérison complète.

▼ Inspectez régulièrement les pattes des poules. La gale des pattes peut provoquer une déformation des doigts ou une claudication.

Bon à savoir

Belle allure

Le corps doit être ferme, sans graisse superflue, et le plumage brillant et homogène. Des plaques dénudées sont le signe d'un problème cutané ou de poux. Chez les poules, la majorité des problèmes sanitaires sont dus à une hygiène médiocre du poulailler ou au surpeuplement d'un espace trop restreint.

Un poids stable

En général, les poules régulent bien leur poids et ne mangent pas à l'excès. Cependant, si vous leur offrez trop de gâteries, la recherche de nourriture ne leur fournira plus assez d'exercice ; elles risquent de devenir paresseuses et de pondre moins d'œufs.

En liberté

Si vous nettoyez régulièrement le poulailler et offrez à vos poules de nouvelles zones de sol à fouiller pour se nourrir, vous ne devriez avoir que de très rares problèmes sanitaires.

Les soins

Les vers

Les poules, à l'instar de nombreux autres animaux, picorent parfois des œufs de vers qui éclosent ensuite dans leurs intestins et y poursuivent leur vie. Les animaux atteints mangent comme à l'ordinaire ou davantage mais, parallèlement, pondent moins ou plus du tout. La crête semble décolorée – rose plutôt que rouge – et les fientes sont très liquides. Si vous soupçonnez que vos poules ont des vers, procurez-vous un vermifuge vétérinaire à mélanger à leurs aliments. Certains éleveurs vermifugent leurs poules deux fois par an à titre préventif.

Dilatation du jabot

La consommation d'herbes hautes n'est pas recommandée car celles-ci risquent de créer une boule qui se bloque dans le jabot. Le jabot se dilate alors et forme une grosseur visible sur la poitrine de la poule. Ce renflement ne se remarque que dans la soirée, après une journée d'alimentation. Si vous le remarquez le matin et que la poule ne mange pas, palpez le jabot. S'il est dur, versez un peu d'huile dans la gorge de la poule et massez la grosseur pour la désagréger. Si cela ne suffit pas, adressez-vous à un vétérinaire.

▲ Le jabot est une poche dans l'œsophage où les aliments sont stockés avant de passer dans l'estomac glandulaire. Si le jabot semble dur, il contient peut-être une boule d'herbes tassées.

Les poules s'enrhument aussi

Vérifiez que le bec de la poule est propre et les narines dégagées. L'infection est parfois transmise par des oiseaux sauvages et un écoulement par les narines est un symptôme évident. Si la poule éternue ou ouvre le bec pour respirer, cela signifie que le rhume a atteint le système respiratoire. Si vous remarquez ces signes, consultez un vétérinaire ; un court traitement à base d'antibiotiques vient généralement à bout des problèmes respiratoires.

Bon à savoir

Signe révélateur

Les déjections doivent être fermes et couronnées de blanc. Les poules consommant des aliments très variés, il arrive que les fientes soient liquides. Cependant, si vous remarquez que les plumes d'une poule sont souillées autour de l'orifice anal, le problème est peut-être plus grave. Une visite chez le vétérinaire est alors une sage précaution.

Mauvaise haleine

Laisser macérer une gousse d'ail dans l'eau de l'abreuvoir participe à la bonne santé des poules. Mais si elles cessent de boire, essayez plutôt de mélanger une cuillerée à café d'ail déshydraté à leurs aliments.

Ne lésinez pas sur les aliments

Des aliments de bonne qualité et une eau toujours pure et fraîche sont essentiels à la bonne santé de vos poules.

La reproduction

La couvaison naturelle

Dans un enclos où règne un coq, la poule pond des œufs fertiles. Au printemps ou en été, elle manifeste le désir d'être mère et pond une couvée de 9 à 15 œufs sur lesquels elle reste couchée pendant 21 jours. Elle a alors besoin de calme et il est préférable de l'isoler des autres oiseaux. Pendant cette période, elle retourne les œufs à intervalles réguliers et les déplace de façon à leur procurer à tous la même chaleur. Elle ne sort du nid qu'une demi-heure par jour pour se nourrir, s'abreuver et prendre un bain de poussière.

▼ Si vous souhaitez élever des poussins, les œufs devront avoir été fertilisés par un coq. Lorsque la poule aura pondu ses œufs, la couvaison durera trois semaines environ avant l'éclosion.

▲ Pour sa tranquillité, il est préférable de séparer de ses congénères une poule prête à couver. Une petite arche du type de celle-ci est un enclos idéal.

L'incubation artificielle

Si vous n'avez pas de coq, vous trouverez dans le commerce des œufs fertilisés à prix raisonnable. Vous pouvez les stocker jusqu'à deux semaines puis les faire couver par une poule ou les placer en incubateur. L'incubateur permet une couvaison artificielle en reproduisant les conditions fournies par la mère : température constante et œufs retournés automatiquement toutes les deux heures. Vous devez néanmoins surveiller régulièrement les œufs en incubateur. Il s'écoule généralement un peu plus de 21 jours avant l'éclosion.

Après l'éclosion

Si les œufs ont été couvés par la mère, elle saura instinctivement prendre soin de ses poussins. Cependant, attendez au moins huit jours pour ramener la poule et ses petits parmi leurs congénères. Si vous avez eu recours à un incubateur, vous transférerez les poussins dans une éleveuse. Il s'agit d'un bac ou d'une caisse chauffée du dessus par une ampoule à rayonnement infrarouge et contenant une mangeoire et un abreuvoir. Les plumes apparaîtront au bout de cinq à six semaines et vous sortirez alors les poussins de l'éleveuse, mais vous devrez encore les garder à l'intérieur pendant deux semaines.

Bon à savoir

Un foyer pour les coquelets

Si c'est votre première expérience d'incubation, rappelez-vous que vous devez vous procurer l'équipement adéquat. Il est délicat d'élever des poussins et, parmi les nouveau-nés, certains seront des coquelets auxquels vous devrez trouver un foyer d'accueil.

Bien choisir l'incubateur

L'élevage demande beaucoup de soins et d'attention dès le stade de la couvaison, notamment si l'on emploie un incubateur. Il existe de nombreux modèles et vous devrez sélectionner celui qui convient exactement à votre situation. Lisez donc soigneusement tous les modes d'emploi avant de vous décider.

L'alimentation des poussins

Les poussins peuvent passer leurs premières 24 heures sans boisson ni nourriture mais, passé ce délai, fournissez-leur un aliment spécialisé pour poussins. Pour l'eau, choisissez un abreuvoir dans lequel ils ne risquent pas de se noyer. Veillez à ce que les petits oiseaux soient hors d'atteinte des autres animaux de la maison. Lorsque vous les lâcherez à l'extérieur, protégez-les des oiseaux de proie, ou même des pies, par un filet.

Les races de poules

Les grands types de races

Cette partie du livre présente une sélection opérée parmi les nombreuses races de volailles élevées par les amateurs de poules. Certaines sont sans doute déjà connues du lecteur, d'autres lui sont moins familières. Elles ont été choisies de manière à donner un aperçu de l'extraordinaire diversité qui s'offre à l'éleveur amateur. Certaines sont particulièrement prisées pour leurs qualités de pondeuses et leur caractère affectueux. D'autres, notamment parmi les races naines d'origine, sont des oiseaux d'une suprême élégance, élevés avant tout pour leurs qualités ornementales, voire pour les concours. Si vous attrapez le virus des concours, c'est tout un monde qui s'ouvrira devant vous ; mais pour ceux d'entre vous qui n'ont pas l'esprit de compétition et veulent simplement élever quelques poules heureuses et productives dans leur jardin, sachez que de nombreuses races sont susceptibles de combler vos attentes.

▼ Outre qu'elles fournissent des œufs frais en abondance, les poules offrent d'innombrables variétés de coloris et de plumages, propres à agrémenter bien des jardins.

◄ **Les races légères page 50**
Ce sont généralement des races de pondeuses qui fournissent à profusion des œufs délicieux, depuis des siècles parfois. On les élève précisément pour qu'elles produisent des œufs. Comme elles ne transforment pas en chair l'énergie de leurs aliments, elles sont moins charpentées que les volailles destinées à la table.

◄ **Les races lourdes page 64**
Issues de grosses volailles de chair originaires d'Asie, ces poules de forte masse, solidement charpentées, sont généralement élevées soit pour la table, soit pour leur viande et leurs œufs.

▲ **Les naines vraies ou bantam page 82**
Variétés ornementales de petite taille n'ayant pas d'équivalent de grande traille, elles sont assez différentes des versions naines des races standard, lourdes ou légères.

Les races légères

La huppe n'est pas sans évoquer la coiffe des jeunes filles de la région d'Appenzell, en Suisse.

▶ L'appenzelloise huppée se distingue notamment par la pointe noire des plumes de sa queue. Poule au tempérament vif et volant très bien, elle n'est pas recommandée pour les novices.

L'appenzelloise huppée commence à pondre vers l'âge de 5 mois et donne en abondance de petits œufs blancs.

▼ Les narines sont grandes, les oreillards blancs, l'œil est vif.

Appenzelloise huppée

L'appenzelloise huppée, originaire de Suisse, résiste bien aux rigueurs hivernales. Active et alerte, elle vole bien et à tendance à se percher dans les arbres. Sa queue est bien étalée, sa poitrine proéminente, son plumage serré, assez dur. Cette poule spectaculaire, aux grandes narines, possède une crête à deux petites cornes surmontée d'une huppe qui n'est pas sans évoquer la coiffe portée par les dames du canton d'Appenzell. Cette race se décline en trois livrées : le plumage est soit noir, soit argenté pailleté de noir, soit encore doré pailleté de noir.

▶ Les œufs de l'araucana sont d'un superbe bleu-vert – à comparer ici à un œuf blanc et à un autre, brun.

Araucana

Originaire du Chili et découverte chez les Indiens Araucans (d'où son nom), l'araucana ne fut introduite en Europe qu'au début du XXe siècle – même si on la connaissait depuis le milieu du XVIe. Elle se présente sous diverses apparences : aux États-Unis comme en France, la version standardisée, dépourvue de vertèbres coccygiennes et donc de queue, se signale par ses oreillards, toupets de plumes derrière les oreillons. Une variété à queue, appelée améraucana, figure au standard officiel depuis 1984.

L'araucana est renommée pour ses magnifiques œufs bleu-vert. Il se peut que le gène de l'œuf bleu provienne d'un oiseau sauvage d'Amérique du Sud connu sous le nom de chachalaca. L'araucana présente une large palette de coloris, dont le plus prisé est un bleu lavande.

◀ Un coq araucana noir et rouge britannique, arborant huppe et favoris.

Bon à savoir

Grands espaces

Les appenzelloises sont vives et se débrouillent très bien seules quand les insectes abondent. Elles aiment être libres de leurs mouvements et disposer de perchoirs où se jucher au cours de leurs incessants déplacements. Comme elles volent très bien, il importe que leur enclos soit parfaitement sécurisé. Ces bonnes pondeuses couvent parfois si on ne les dérange pas.

Herbe fraîche

Les araucanas croissent vigoureusement et atteignent rapidement leur maturité. Ce sont d'excellentes couveuses et des mères attentionnées. Elles ne rechignent pas à être en enclos, mais aiment l'herbe fraîche. Placides, ces poules n'en sont pas moins robustes et vigoureuses. Leurs œufs bleu-vert sont réputés avoir une teneur en cholestérol moindre que celle d'autres œufs.

Aux petits soins

La version à queue de l'araucana et l'améraucana ne posent pas de problème d'entretien, même pour des éleveurs novices, mais il convient d'inspecter leur huppe et leur camail à la recherche de parasites. Les variantes sans queue et à oreillards exigent des soins plus attentifs et ne sont donc pas idéales pour les débutants.

Fayoumi

La fayoumi est une race très ancienne, élevée depuis des siècles sur les bords du Nil, en Égypte. Destinées à la production d'œufs, les fayoumis sont extrêmement résistantes aux bactéries et aux virus. Plutôt petites (le coq adulte ne pèse qu'environ 1,8 kg), elles portent haut la queue et présentent de grands yeux sombres. Leur crête est simple, leurs oreillons rouges, leurs tarses gris ardoise. Le coq arbore un cou et une selle argentés, le corps étant barré-crayonné de noir et d'argent. Les femelles ont également un camail argenté, ainsi qu'une queue barrée très sombre. Relativement sensible aux friandises, la fayoumi ne se laisse pourtant jamais totalement domestiquer, aussi ne convient-elle guère aux éleveurs novices.

◀ Un coq fayoumi, arborant son caractéristique plumage barré-crayonné argenté.

En accord avec leurs origines égyptiennes, les fayoumis supportent très bien la chaleur.

▶ La fayoumi parvient très rapidement à maturité : les poulettes commencent à pondre vers 16 à 18 semaines.

Leghorn

Cette race originaire de Livourne, en Italie, a été introduite aux États-Unis en 1835, date à laquelle un contingent de leghorns brunes arriva dans le port de New York. Les éleveurs américains perçurent les excellentes qualités de pondeuse de la leghorn (transposition en anglais de *Livorno*), dont la réputation gagna l'Europe dès avant l'arrivée des premiers spécimens de la variété blanche, vers 1870. Les leghorns américaines et européennes diffèrent désormais les unes des autres par leur apparence. Les premières ressemblent davantage au type ancien avec leur queue imposante et leur crête de taille moyenne, alors que les secondes se signalent par leur queue plus courte et leur immense crête. Les unes comme les autres présentent des oreillons blancs, des pattes jaunes et des yeux rouges. La leghorn est une poule active, piètre couveuse, qui fournit des œufs blancs en abondance.

▲ Une leghorn blanche de type américain. Ces poules pondent quelque 280 œufs par an.

Bon à savoir

Vagabondages

La fayoumi est une poule très vive, qui aime beaucoup voler : il convient d'en tenir compte dans l'aménagement de leur aire de vie. Ces poules aiment se percher dans les arbres aussi bien que fouiller le sol, aussi est-il recommandé d'installer un filet au-dessus de leur enclos pour éviter qu'elles ne s'éloignent trop. Très bonnes pondeuses, elles donnent de petits œufs blancs au jaune très riche.

Croissance rapide

Les leghorns sont des pondeuses très productives, qui donnent tout au long de l'année de gros œufs blancs. Les poussins sont faciles à élever, leur croissance et leur maturation sont rapides. Plutôt bruyantes, ces poules se perchent dans les arbres si elles en ont l'occasion. Peu charnues, elles ne sont guère recommandées pour la table.

La capitale de l'œuf

La ville de Petaluma, en Californie, s'est dotée d'une importante industrie fondée sur les qualités de pondeuse de la leghorn. En 1916 y a été célébrée la première Journée de l'œuf, et la localité accueille toujours, chaque année en avril, une grande parade du beurre et des œufs, qui commémore l'héritage de ce « panier à œufs du monde » – titre que Petaluma s'octroyait au début du XX*e siècle.*

La tête porte une crête de taille moyenne ; les oreillons sont blancs. Le contraste entre le noir du camail et de la queue d'une part, et le blanc pur du corps d'autre part, est très séduisant.

▲ La lakenvelder se signale par sa splendide livrée noir et blanc.

▼ Il est rare que le plumage du cou soit totalement dépourvu de blanc sur l'arrière de la tête.

Lakenvelder

Les origines de la lakenvelder ne sont pas connues avec précision : les Néerlandais affirment que cette race tire son nom du village de Lakervelt, dans la région d'Utrecht, mais les Allemands assurent que cette race fut créée au XVIIIe siècle en Westphalie. Toujours est-il qu'Allemagne et Pays-Bas ont chacun leur standard pour cette race : la version hollandaise présente une selle plus noire et une sous-couleur plus sombre également. La crête simple est de taille moyenne, les oreillons en forme d'amande sont blancs, l'œil est rouge-orangé. Les tarses dépourvus de plumes sont bleu ardoisé, les doigts au nombre de quatre. Ces poules au corps mince et élancé portent haut la queue. Cette race à la peau blanche se signale par la grande finesse de sa chair et ses blancs particulièrement charnus.

Un sacré caractère

Les lakenvelders sont parfois d'une grande nervosité. Dotées d'un sommeil léger, elles ont tendance à caqueter si elles sont dérangées pendant la nuit : ce sont souvent les premières à donner l'alerte en cas de péril. Elles ne sont pas particulièrement dociles, mais des manipulations régulières contribueront à les apaiser et à les habituer à vos soins. La lakenvelder n'est pas une couveuse. Elle pont des quantités raisonnables d'œufs blancs, de taille moyenne – les versions naines pondent souvent davantage d'œufs que leurs homologues de grande race. Elles aiment fouiller le sol, mais ne font pas de ravages particuliers dans les plantations. Elles volent très bien : capables de décoller verticalement sur 3 m, elles peuvent planer sur plus de 10 m en s'élançant d'un piquet de clôture. Tenez-en compte dans l'aménagement de leur espace de vie.

▲ Un coq lakenvelder bleu. Les croisements entre sujets bleus et standard donneront des poussins de l'un et l'autre coloris.

Bon à savoir

Noir ou bleu

La lakenvelder est surtout connue dans sa variante noir et blanc (ceinturé) ; une variante bleue chez les naines, dans laquelle le noir est remplacé par un bleu pigeon uni, a été créée il y a quelques années aux Pays-Bas. Ses marques sont parfois qualifiées, assez poétiquement, d'ombre sur un drap.

Troisième mue

Les poussins grandissent rapidement, mais ils n'acquièrent leur livrée caractéristique qu'à leur troisième mue. Les coqs adultes pèsent de 2,2 à 2,7 kg, tandis que les poules font de 1,4 à 2 kg.

Un élevage délicat

Les lakenvelders ne sont pas faciles à élever en vue des concours. Une sélection rigoureuse est indispensable pour obtenir la livrée correcte, et il est impossible de dire précocement quels sont les poussins qui se pareront à maturité du plus beau plumage, ce qui impose de les garder jusqu'à ce qu'ils aient presque acquis leur livrée adulte.

Padoue

Cette race, la plus prisée parmi les variétés huppées, est aussi l'une des plus anciennes, connue en tant que race pure depuis le XVIe siècle. La padoue est une bonne pondeuse, appréciée depuis des siècles pour ses gros œufs. Elle doit être tenue au sec en toutes circonstances, aussi est-il indispensable de lui fournir un enclos couvert. Sa huppe spectaculaire, qui doit être aussi sphérique qu'imposante, n'est pas sans poser des problèmes : elle a tendance à héberger des parasites ; si elle se salit l'oiseau est dans l'incapacité se nettoyer par lui-même, de sorte que cette tâche incombe à l'éleveur. Les padoues ne doivent pas être élevées avec d'autres races, car elles seront certainement rudoyées. Elles ont en outre une tendance à la nervosité. Pour toutes ces raisons, mieux vaut ne pas tenter leur élevage si l'on est novice en la matière.

◀ Les variétés à liserés (ici, une chamois) sont barbues ; il existe aussi des variétés sans barbe.

▶ La huppe de la padoue (ici, une variété argentée à liseré noir) se doit d'être sphérique. Ces poules doivent être tenues à l'abri des intempéries, car une huppe mouillée mettrait leur santé en péril.

Poule-soie

La poule-soie, naguère appelée nègre-soie, est une race très ancienne : des textes chinois vieux de deux millénaires l'évoquent. Introduite en Europe dans les années 1880, c'est une poule légère, au corps large et trapu couvert de plumes duveteuses (dépourvues de barbules et de hampe rigide). Ce plumage n'étant pas étanche, il importe de tenir la poule-soie à l'abri des intempéries. Cette poule présente une courte queue ébouriffée, une tête camuse, une huppe fournie et bien dressée. Des croisements avec d'autres races donnent d'excellentes couveuses et de merveilleuses mères. Cette race se signale par sa docilité, aussi convient-elle bien à un éleveur novice disposé à lui accorder toute l'attention dont elle a besoin.

▲ Un coq poule-soie nain. La face des sujets de cette race doit toujours être sombre.

Bon à savoir

QU'Y A-T-IL DANS UN NOM ?

La padoue est connue en Angleterre sous le nom de poland *(littéralement Pologne) et aux États-Unis sous celui de* polish *(Polonaise). Pourtant, il semble bien qu'elle soit originaire d'Allemagne ou des Pays-Bas.*

ATTENTION DERRIÈRE !

Dans la mesure où le champ de vision de la padoue est limité par son énorme huppe, elle risque d'être effrayée si vous l'approchez silencieusement par-derrière. Pour éviter de l'affoler, prévenez l'oiseau de votre arrivée en lui parlant doucement avant de la saisir.

SPECTACULAIRE

Chez la poule-soie, la peau est noire, la chair sombre, les oreillons turquoise, les tarses emplumés et la crête en bourrelet. Ces caractéristiques, conjuguées à l'aspect de fourrure de son plumage duveteux, en font une poule extraordinaire.

▲ Une poulette poule-soie barbue bleue de belle taille.

Sultane

Toutes les sultanes actuelles sont issues d'un petit troupeau de cinq sujets ébouriffés introduits en Grande-Bretagne en provenance de Constantinople (Istanbul) en 1854. Il est heureux que cette race ait survécu, car c'est l'une des plus ornementales qui soit. Les sultanes arborent une huppe qui dissimule une crête à cornes, cinq doigts et de grands orifices nasaux. Le plumage de leurs pattes, rigide et dirigé vers l'arrière, donne à celles-ci des allures de «jarrets de vautour». Mieux vaut élever les sultanes dans des enclos confinés, car elles n'excellent guère dans la recherche de nourriture. Très calmes, dénuées d'agressivité, elles se manipulent aisément et font de bons animaux de compagnie. N'étant pas recherchées pour leur chair ou pour leurs qualités de pondeuses, elles offrent en revanche leur élégance et leur exceptionnelle beauté.

► La toilette d'un tel plumage est assurément une tâche prenante.

Fournissez aux poules sultanes une fontaine pour y boire (ne leur présentez pas de bol non couvert).

▲ Le plumage lustré de la variété noire de la sumatra doit présenter des reflets verts, et non violets.

Sumatra

Cette race est issue d'oiseaux de combat importés de Sumatra aux États-Unis dans les années 1840. L'élevage l'éloigna de ses racines combattantes pour en faire une race ornementale de concours : la sumatra est aujourd'hui d'un tempérament aussi docile que celui de toute autre poule à plumage mou. La femelle comme le mâle possèdent une longue queue, aussi faut-il veiller avec un soin particulier à préserver la propreté et l'intégrité de ces plumes (les perchoirs en hauteur doivent notamment être éloignés des murs). La sumatra, qui pond des œufs blancs, est une excellente couveuse et une très bonne mère. Si elle exige des soins attentifs, cette race n'en convient pas moins aux éleveurs novices.

Bon à savoir

Check-up

Les sultanes sont sujettes aux infestations d'acariens dans la huppe et la barbe, ainsi qu'à la gale des pattes (comme toutes les races aux pattes emplumées) : des inspections régulières s'imposent. Les sols humides et boueux ne conviennent pas à ces poules, du fait de leurs « jarrets de vautour ».

Danger d'évasion

Sultanes et sumatras volent très bien ; elles atteignent sans difficultés de hauteurs de deux mètres et plus. Pensez-y lors de l'aménagement de leur enclos, dont la clôture devra être assez haute pour les empêcher de s'enfuir.

Des goûts et des couleurs

Les sumatras se présentent sous des variantes noire, bleue et blanche, et sous forme naine également. La variété noire se signale par les reflets vert métallique de son plumage.

▲ La sumatra apprécie les grands espaces. Dotée d'ailes robustes et tout à fait capable de voler, elle a tendance à vouloir dormir dans les arbres.

Welsumer

Certaines poules sont élevées pour leur plumage, d'autres pour leur gabarit et leur chair, d'autres encore pour la couleur ou la profusion de leurs œufs. La welsumer, pour sa part, a été créée au début du XXe siècle, au moyen de multiples croisements, pour donner une race polyvalente. Elle tire son nom de la localité de Welsum, aux Pays-Bas. Faverolles, wyandotte, brahma, cochin, malay et dorking comptent parmi ses antécédents génétiques initiaux, un apport de barnevelder ayant ensuite été effectué pour contribuer à étoffer et stabiliser sa silhouette ; rhode-island rouge et leghorn perdrix ont également été introduites dans l'équation pour favoriser la production d'œufs.

Apparence et caractère

La welsumer est une poule forte et active, au port fier, au dos large, à la poitrine pleine, à la queue fournie. La tête porte une crête simple, des caroncules de taille moyenne, des oreillons en amande, un bec court et puissant. Les tarses sont jaunes (plus pâles en été), les yeux brun rougeâtre.

▲ La welsumer est une poule vigoureuse et séduisante, qui s'épanouit au plein air. Son plumage mêle des tons noirs et rouille, la gorge est d'un riche marron roux. Il existe une forme naine.

▲ Une superbe welsumer. Les œufs de ces poules, à la coquille roux foncé parfois tachetée, sont particulièrement beaux.

La welsumer plaît énormément, notamment par la splendeur de ses œufs couleur de terre cuite, diversement tachetés, voire à l'aspect texturé, qu'elle pond à raison d'environ 200 par an. Le plumage est également d'une grande beauté, noir et roux chez le coq, perdrix chez la poule. Cette race vive et rustique, qui aime à fouiller le sol, est robuste et apprécie les grands espaces.

▶ Le camail de la welsumer présente de merveilleux reflets iridescents et des stries qui sont absentes chez le coq.

Bon à savoir

Mères et poussins

Les welsumers ont tendance à couver, mais en règle générale attendent la fin du printemps pour cela. Elles ne font toutefois pas des mères exceptionnelles. Les poussins sont vaillants, faciles à sexer car les femelles portent sur la tête et le dos des marques plus foncées que les mâles.

▲ La race welsumer est un très bon choix pour l'éleveur novice ; elle est assez commune pour qu'il ne soit pas difficile de s'en procurer.

Stimulation

Certains jeunes sujets ont tendance à s'arracher les plumes s'ils s'ennuient : pour éviter ce problème, veillez à ce que les poussins soient élevés dans un environnement psychiquement stimulant.

▶ Coq vorwek. La sous-couleur du plumage doit être grise, et non fauve.

La vorwerk a failli disparaître à la fin de la Seconde Guerre mondiale, mais la race fut heureusement reconstituée à partir des sujets survivants.

Vorwerk

Originaire de Hambourg, en Allemagne, la vorwerk a été sélectionnée vers 1900 par l'aviculteur Osklar Vorwerk, qui donna son nom à la race. Il cherchait à obtenir de bonnes volailles utilitaires, à maturation rapide et à la chair plus abondante que la plupart des autres races de basse-cour. Poule puissante et trapue, au dos large et à la poitrine bombée, la vorwerk arbore une tête large, à la face bien emplumée. La crête simple, de taille moyenne, est dentelée, les barbillons sont moyennement longs, les oreillons petits et blancs. Le plumage mou et luisant rappelle celui de la lakenvelder (dont le blanc aurait été remplacé par un châtain fauve). Les pattes, bleu ardoise, comptent quatre doigts. Il existe également une variante naine. La vorwek, active, bonne pondeuse et connaissant une croissance rapide, convient parfaitement pour un éleveur novice.

▶ Vorwerk bleue naine. La forme naine est apparue en 1997, la variante bleu peu après.

Yokohama à selle rouge

La saisissante livrée propre à cette race fut développée à la fin du XIXe siècle en Allemagne, dans la région de Brunswick, par un certain Hugo de Roi. Le camail et la queue sont d'un blanc pur, alors que le corps est fauve rougeâtre chez la poule, cramoisi chez le coq. L'extrémité des plumes est pailletée de blanc. La crête est en bourrelet. La forme naine, standardisée en 1968 seulement, est devenue la plus répandue, à tel point que l'on ne voit plus que rarement des sujets de grande race. Ces oiseaux au tempérament docile, qui se laissent manipuler sans difficulté, volent particulièrement bien – si on leur donnait le choix, les yokohamas préféreraient passer la nuit perchées dans les arbres plutôt qu'enfermées dans un poulailler !

▶ Diverses caractéristiques de cette race spectaculaire, dont la crête en bourrelet, ne sont pas sans évoquer des oiseaux sauvages tels que les faisans.

Bon à savoir

Onagadori

Toutes les races à longue queue, dont la yokohama, sont apparentées à une poule japonaise appelée onagadori. Celle-ci possède un gène inhibiteur de la mue, de sorte que ses plumes croissent tout au long de l'année.

Longue queue

Les yokohamas ont besoin de perchoirs élevés et placés à bonne distance des parois du poulailler pour éviter que leur longue queue ne soit souillée ou endommagée. La boue a évidemment des effets catastrophiques sur l'apparence de vos pensionnaires.

Une riche teinte cramoisie ressort sur le fond blanc et sur les paillettes blanches de la poitrine.

▲ Ce coq yokohama à selle rouge est d'un type d'autant plus rare qu'il s'agit d'un sujet de grande race.évoquer des oiseaux sauvages tels que les faisans.

Australorp

L'australorp a été sélectionnée en Australie dans les années 1920 en tant que race à deux fins, à partir de l'orpington noire exportée aux antipodes dans les années 1880. Élevée avant tout pour ses qualités de pondeuse, elle donne des œufs brun clair en abondance : une australorp a établi un record mondial de ponte avec 364 œufs en 365 jours ! Plus petite que l'orpington, l'australorp n'en est pas moins très charnue. Elle cumule les qualités, puisque cette bonne couveuse est aussi une très bonne mère. Poule active, l'australorp connaît une croissance rapide : elle commence à pondre vers l'âge de 5 mois. Calme et affectueuse, ces elle fait un bon animal de compagnie, bien qu'elle soit un peu lourde à manipuler pour des enfants. Le fait que sa livrée noire soit moins spectaculaire que celle d'autres races ne doit pas vous détourner de cette poule pétrie de qualités !

Très rustique, l'australorp supporte bien le froid.

L'australorp ne vole pas très bien, aussi n'est-il pas nécessaire d'aménager des clôtures très élevées pour la mettre en sûreté.

▶ L'australorp, à l'œil vif et très sombre, arbore un plumage noir aux merveilleux reflets verts. Ses qualités de pondeuse en font un très bon choix pour un éleveur novice.

Barnevelder

La barnevelder doit son nom à la ville néerlandaise de Barneveld, sise à une cinquantaine de kilomètres au sud-ouest d'Amsterdam, qui fut la capitale de la production d'œufs aux Pays-Bas dans les premières années du XXe siècle. Particulièrement bien équilibrée, la barnevelder possède des yeux orange vif, un bec jaune et des tarses (dépourvus de plumes) jaunes également. La livrée la plus appréciée est acajou à double liseré noir. Très fiable, docile et familière, la barnevelder convient bien à l'éleveur novice. Elle pond quelque 200 œufs brun caramel par an.

▼ Une barnevelder acajou à double liseré. Ce plumage est particulièrement séduisant, surtout lorsque les liserés sont bien dessinés. Les plus belles barnevelders sont des habituées des grands prix lors des concours expositions de volailles.

Bon à savoir

DE BONS ŒUFS

Certaines barnevelders pondent des œufs plus clairs que les œufs d'un brun rougeâtre qui font la renommée de cette race. Évitez si possible ces lignées, car l'œuf brun est indissociable de la bonne barnevelder.

VARIÉTÉS

Outre la forme à double liseré noir, une version à liseré bleu de la barnevelder a été créée. Cette race est aussi standardisée en noir, blanc, perdrix et argenté – ces dernières livrées sont assez rares toutefois.

La barnevelder est une race à conseiller pour l'éleveur novice.

Brahma

Cette douce géante du monde des volailles fait un excellent animal de compagnie pour un enfant. Ces oiseaux corpulents (les coqs pèsent environ 5 kg, les poules 4,5 kg) sont placides et d'un naturel aimable. La brahma, arrivée en Europe (en Angleterre, plus précisément) en provenance des États-Unis dans les années 1850, doit son nom au fleuve Brahmapoutre, qui coule en Inde, mais la race fut en fait créée aux États-Unis à partir de grosses volailles aux tarses emplumés connues sous le nom de shanghais, importées de Chine dans les années 1840. Des croisements effectués avec des chittagongs venues d'Inde donnèrent la crête à pois et les sourcils saillants caractéristiques des brahmas actuelles. Du fait de sa lente croissance, la brahma n'est pas véritablement une race à viande. Ses œufs sont étonnamment petits et peu nombreux, mais les poussins sont vigoureux et croissent rapidement. De tempérament docile, la brahma est facile à apprivoiser. Du fait de sa taille, elle occupe beaucoup d'espace, mais comme elle ne vole pas, on peut la laisser s'ébattre à loisir au jardin.

▶ La race brahma est adorable, à recommander absolument à quiconque souhaite élever des oiseaux aussi superbes que placides.

Notez la délicatesse du maillage de la livrée de cette magnifique poule.

Buckeye

Surtout connue en tant que race américaine, la buckeye a été créée en 1896 par une éleveuse du nom de Nettie Metcalf, à Warren, dans l'Ohio. Celle-ci opéra des croisements entre plymouth rock, cochin et combattants. Le nom de buckeye fait référence au *buckeye nut,* fruit du marronnier de l'Ohio, dont la couleur acajou n'est pas sans évoquer celle du plumage de notre poule. Mme Metcalf voulait montrer la présence de pigments foncés dans le duvet (cette partie du plumage est rouge hormis sur le dos), qui doit présenter une bande ardoise lorsque l'on écarte les plumes. La buckeye est la seule race purement américaine à afficher une crête à pois, ce qui, s'ajoutant à sa morphologie trapue, la rend particulièrement bien résistante au froid. La buckeye est une robuste volaille à deux fins, mais elle est assez rare, de sorte qu'il ne vous sera peut-être pas facile de vous en procurer.

Bon à savoir

Aménagements

Les perchoirs des brahmas doivent être proches du sol pour éviter qu'elles ne s'abîment les pattes en en descendant le matin. Les portes doivent être assez hautes et larges pour laisser passer ces poules imposantes.

Précautions

Certains coqs buckeye sont parfois agressifs lors de la saison des amours, aussi est-il conseillé de les tenir éloignés des enfants jusqu'à avoir bien jugé de leur tempérament.

◄ En écartant les plumes du dos, vous ferez apparaître la bande de couleur ardoise du duvet.

▼ Le plumage coucou barré de la dominicaine doit alterner nuances claires et foncées, n'allant toutefois pas jusqu'au blanc et au noir.

Le coq dominicain arbore généralement une livrée plus claire que celle de la poule.

▼ La crête de la dominicaine est toujours frisée (crête en rose).

Dominicaine

Importée en Amérique par Christophe Colomb lors de son deuxième voyage, en 1493, la dominicaine est sans doute la première poule élevée dans le Nouveau Monde. L'appellation Dominique fut officiellement attribuée à des volailles à crête frisée en 1849, mais à l'origine la race était nettement plus petite qu'à présent. Un travail de sélection produisit ensuite un oiseau de belle taille, qui connut une immense popularité en tant que volaille à deux fins élevée dans les fermes américaines à la fin du XIXe siècle. Robuste et active, cette race utilitaire se signale par son attrayant plumage barré et son tempérament alerte. Le coq possède une longue queue imposante ; la poule, plus petite, bien ronde et plus foncée, affiche une poitrine pleine et une queue au port dressé. Souvent utilisée dans des croisements, la dominicaine a notamment contribué à la création de la plymouth barrée.

Dorking

La dorking serait arrivée en Grande-Bretagne lors de l'invasion de l'île par Jules César, en 55 av. J.-C. ; on sait en effet que des races à cinq doigts étaient vantées par les Romains comme étant les meilleures volailles pour la table, et il est probable que les envahisseurs apportèrent cette variété avec eux au cours de leurs campagnes. Cette poule robuste et paisible a besoin d'espace, car elle aime fouiller activement le sol. Elle a tendance à pondre dans la première partie de l'année des œufs blancs de bonne taille. La dorking met jusqu'à deux ans pour parvenir à maturité et vit jusqu'à sept ans. Pour qu'elle atteigne un poids et une taille raisonnables, une alimentation de qualité lui est nécessaire. Elle peut avoir tendance à couver.

Bon à savoir

AUTOSUFFISANTE

La dominicaine adore gratter le sol ; son alimentation ne revient pas cher, car si elle est élevée en plein air, elle trouve elle-même sa nourriture.

CINQ DOIGTS

En 1787, The Gentleman's Magazine *écrivait au sujet de la ville de Dorking, dans le Surrey : « Il y a là une race de volailles sans doute propre à ce pays ; sa couleur est soit blanche, soit celle d'une perdrix, mais on compte cinq doigts à chaque patte. »*

▲ Un coq dorking.

◀ Ce coq arbore une crête frisée que l'on ne rencontre que dans certaines variétés de couleurs de plumage.

▼ La dorking rouge, assez rare, possède une crête simple.

Géante de Jersey

Initialement appelée Jersey Black Giant, du nom des frères John et Thomas Black, la Jersey Giant est la plus grosse poule du monde. Elle fut sélectionnée entre 1870 et 1890 dans l'État du New Jersey, en tant que race à deux fins. Parmi les races utilisées pour la créer, mentionnons la java, la langshan, la brahma et le combattant indien. L'idée était de produire une poule assez grosse et lourde pour remplacer la dinde en tant que volaille de chair de première qualité : on rapporte que des géantes de Jersey atteignirent 7 kg, et même 9 kg pour des chapons. Le poids des sujets actuels est plus modeste, mais les coqs pèsent encore environ 6 kg. Ces énormes oiseaux bien bâtis (on les compare à des briques !) possèdent une poitrine longue et profonde.

▼ Puissante et robuste, la géante du Jersey convient pour l'éleveur novice, mais elle est malheureusement rare.

Coloris et caractère

Outre la variété noire originelle, la géante du Jersey existe désormais dans une livrée blanche et une autre bleue à liseré. Les sujets noirs présentent des reflets verts.

▼ Ces poussins n'atteindront leur pleine taille et leur poids adulte que dans de longs mois.

Une géante du Jersey noire. La sous-couleur du plumage de cette poule doit être grise ou ardoise.

▲ La géante du Jersey possède une poitrine pleine, large et profonde, portée bien en avant.

Bon à savoir

Le logis

Du fait de leur corpulence, les géantes du Jersey ont besoin de grandes trappes d'accès et de perchoirs bas. Attendez-vous à souffrir de courbatures si vous avez à les porter sur une certaine distance !

Les variétés

Les premières géantes du Jersey étaient noires. La forme blanche fut développée peu après la Seconde Guerre mondiale, et la belle variété bleue à liseré est plus récente encore.

Les poules de cette race se signalent par leur docilité et leur résistance au froid. Ces gros oiseaux ont besoin de beaucoup d'espace, mais sont incapables de voler, aussi n'est-il pas nécessaire de les enfermer derrière des grillages d'une grande hauteur. À cause de leur gabarit, ce ne sont toutefois pas des animaux de compagnie idéaux pour les jeunes enfants. Ces poules sont des pondeuses honorables, qui donnent des œufs en hiver (leur production annuelle est d'environ 160 gros œufs bruns ou crème).

◄ Chez toutes les variétés, l'œil doit être marron ou noir.

Marans

Cette race très appréciée a été créée en combinant la langshan et des races préexistantes dans la région de Marans, non loin du Marais poitevin. Elle a commencé à prendre son apparence standard en France dans les années 1920, puis fut exportée en 1929 en Angleterre, où elle fut également standardisée. Les marans naines apparurent dans les années 1950. La marans est une bonne poule, lourde et robuste. Docile, elle se satisfait de son rôle de poule fermière sans problème, et de ce fait représente un bon choix pour l'éleveur novice. Elle s'apprivoise très bien si on la manipule fréquemment, et a pour habitude de traverser le jardin en toute hâte à votre rencontre si elle pense que vous lui apportez des restes de cuisine. Les marans pondent avec régularité de gros œufs bruns, à raison d'environ 200 par an.

▼ Cette marans britannique utilitaire affiche une silhouette moins lourde que celle des volailles de concours.

Cette poule coucou argenté présente des barres confuses.

▼ Une marans française noir cuivré (le standard français a conservé les plumes aux pattes).

New hampshire

Cette race a été créée aux États-Unis par sélection de spécimens de rhode island rouge dont on s'efforça d'améliorer certaines caractéristiques ; au fil des ans, la coloration a évolué pour devenir d'un rouge bien plus clair et plus éclatant que celui des sujets initiaux. La tête est plutôt longue et aplatie sur le dessus ; les yeux sont proéminents ; la crête simple compte cinq pointes. La face est lisse, les barbillons de grande taille, les oreillons ovales sont rouges. Cette race convient bien aux débutants, la new hampshire étant une poule à la santé de fer, affectueuse et confiante, bonne pondeuse, qui donne de robustes poussins. Elle s'épanouit en enclos comme en liberté ; comme elle ne vole pas bien, il n'est pas nécessaire de lui dresser des clôtures élevées. D'un naturel tolérant, elle n'est pas agressive à l'égard de ses congénères.

Bon à savoir

L'œuf et le coq

Si vous voulez un coq pour la reproduction, achetez des œufs bien foncés chez un éleveur, afin que tout coq qui en sortira soit issu d'une lignée aux œufs foncés.

Naines rouges

La new hampshire rouge naine a été créée dans les années 1940 et fixée en 1961. Outre la rhode island rouge, elle compte dans son ascendance des gènes de brahma et de wyandotte.

◀ Les new hamsphire rouges naines s'affirment comme de bonnes poules utilitaires qui s'adaptent bien au jardin familial.

Orpington

Au début du xxe siècle, l'orpington fit l'objet d'une véritable frénésie, qui porta vers les sommets les prix de cette race immensément populaire. Lors d'un concours new-yorkais, une orpington couverte de lauriers changea de mains pour la somme effarante de 2 500 dollars ! cette race avait été créée en 1886 par William Cook, éleveur d'Orpington, dans le Kent, au Royaume-Uni, à partir des races langshan, cochin et minorque. La première variété, noire, fut suivie en 1889 par la version blanche, et en 1894 par la très renommé orpington fauve. Quelques années plus tard, un autre éleveur, Joseph Partington, introduisit des modifications, dont un plumage très abondant. William Cook n'apprécia guère, mais le public fit un triomphe à cette livrée duveteuse, désormais standardisée.

▼ Coq orpington fauve. Cette race est aussi imposante que placide.

▲ Poule orpington bleu lavande ; cette couleur, non encore standardisée, est déjà fort appréciée.

► Cette superbe poule orpington arbore fièrement sa livrée noir caillouté.

Caractère et poids

L'orpington actuelle est une grosse volaille placide, au plumage bouffant. Elle offre un accès idéal aux joies de l'élevage avicole. Les sujets adultes pèsent quelque 4,5 kg, voire davantage pour la variété bleue. Une forme naine existe, intéressante si vous craignez de ne pas disposer d'assez d'espace pour des sujets de grande race. Ces poules font de bons animaux familiers, car elles sont dociles et ne sont pas susceptibles de s'envoler bien loin (du fait de leurs petites ailes et de leurs courtes pattes). Elles apprécient d'être au sec et aiment l'herbe en abondance. Ayant tendance à s'alimenter à l'excès et à prendre du poids, elles ont besoin de beaucoup se dépenser en plein air pour rester en forme. Très enclines à la couvaison, ce sont d'excellentes mères. Leurs œufs sont petits et rosâtres.

Bon à savoir

VARIÉTÉS

Les coloris les plus fréquents sont le noir, le fauve, le blanc et le bleu. D'autres livrées ont été développées, dont toutes ne sont pas encore standardisées – notamment un plumage doré à liseré noir, un doré à liseré bleu, un perdrix maillé doré, etc.

À DEUX FINS

L'orpington pond chaque année de 175 à 200 œufs de taille moyenne, d'un brun rosâtre. Elles ne cessent pas de pondre en hiver. Les poulets, de bonne taille, fournissent une chair savoureuse.

AUSTRALORP

L'orpington noire originelle de Cook ne sombra pas dans les oubliettes de l'histoire : elle donna lieu à la création d'une race utilitaire en Australie, puis revint en Europe sous le nom d'australorp (voir p. 64).

◀ Poule orpington fauve. Cette variété a moins de duvet dans la région des cuisses que ses congénères d'autres coloris.

Plymouth rock

Le nom de plymouth rock fut tout d'abord donné à une race de poules développée à la fin des années 1840 par le Dr John Bennett, de Plymouth, dans le Massachusetts. Assez imprévisible, cette lignée finit par s'éteindre, mais le nom fut repris en 1869 par D. A. Upham, qui exposa trois sujets en tant que «plymouth rocks améliorées». Ces volailles firent forte impression, et bientôt Upham parvint à fixer ce standard. D'autres éleveurs œuvraient alors à la création de poules au plumage comparable ; leurs efforts donnèrent naissance à la plymouth rock barrée, dont la couleur provenait de la dominicaine (voir p. 68). Après cette variété barrée vinrent des «rocks» fauves, blanches, noires, perdrix, bleues, etc.

▲ Un coq plymouth rock fauve. La nuance fauve est importante : elle doit être d'un fauve doré uni jusqu'à la peau.

▼ Une poule plymouth rock blanche, de grande race (moins répandue que la variété naine).

Apparence et caractère

Cette race robuste se signale par sa longévité. Bonnes pondeuses, les poules possèdent un abdomen large et profond – ainsi qu'une poitrine bombée et des tarses jaune vif. La face est rouge, les oreillons rouges également, le bec jaune vif, les yeux bais ; la crête de taille moyenne est simple. Ces oiseaux vigoureux et sympathiques se laissent facilement apprivoiser. La plymouth n'a pas besoin de beaucoup d'espace, mais elle apprécie de pouvoir vagabonder. Comme elle ne vole pas bien, elle n'a pas besoin de clôtures élevées. Elle pond un nombre appréciable – environ 200 par an, moins pour certaines lignées – de gros œufs de couleur crème. La plymouth rock a tendance à couver : il importe de ramasser régulièrement les œufs pour éviter cela.

Bon à savoir

Une bonne grosse poule

Les plymouth rocks sont de gros oiseaux : le coq pèse généralement un peu moins de 4,5 kg, la poule entre 3 et 3,5 kg. Ces poules à deux fins sont appréciées tant pour leur chair que pour leurs qualités de pondeuses.

La plus populaire

Jusqu'à la Seconde Guerre mondiale, la plymouth rock barrée était la race et la variété la plus abondamment élevée aux États-Unis. Sa popularité venait de ses grandes qualités de volaille fermière : robustesse et docilité, tendance à la couvaison, excellente production d'œufs comme de viande.

◄ Un coq plymouth rock blanc ; les pattes doivent être jaune vif, et pour cela ces oiseaux doivent avoir accès à des aires herbeuses.

Rhode island rouge

La rhode island rouge, fameuse poule aux œufs bruns que l'on voit dans les basses-cours du monde entier, est originaire de Little Compton, dans l'État du Rhode Island, où elle fut créée au milieu du XIXe siècle. Cette poule fiable et vigoureuse est capable de pondre quelque 260 œufs par an. Du fait de sa productivité et de sa robustesse naturelle, la rhode island rouge a servi de base à la création de maintes variétés hybrides très appréciées aujourd'hui en tant que pondeuses commerciales. Elle fait un très bon animal familier, mais préfère néanmoins les grands espaces. En 1954, cette volaille a été officiellement adoptée en tant qu'oiseau emblématique du Rhode Island.

▲ La silhouette « rectangulaire » de cette poule naine répond aux spécifications du standard de la race.

▲ La couleur du duvet d'une rhode island rouge – ici, un coq nain – doit être rouge ou saumon, jamais pâle et encore moins blanche. Les tarses doivent être jaunes.

Sussex

La sussex (ou light sussex) décroche souvent des récompenses en concours, ce que l'on comprend fort bien en admirant sa jolie robe herminée, son corps d'un blanc pur et ses plumes de queue noires. Parmi les poules de race pure, seules l'australorp et la rhode island rouge peuvent rivaliser avec la sussex par le nombre d'œufs pondus (jusqu'à 260 par an). Les œufs de la sussex sont brun clair. Cette poule docile (dont la race est déclinée aussi dans des variétés tricolore, fauve, coucou et bien d'autres encore) se plaît jusque dans un jardinet de ville. Il existe également une version naine, dont les œufs sont plus petits.

▼ Une poule sussex fauve herminé noir. En 1900, cette race était au bord de l'extinction, mais le Sussex Poultry Club, constitué en 1903, parvint à la revitaliser et à la faire standardiser.

Bon à savoir

Des crêtes variées

Si la plupart des sujets ont une crête simple, il arrive que l'on voie des rhode islands à crête frisée (dite « en rose »). Une rhode island blanche, peu connue, fut également développée en 1918-1920 ; elle servit de base des hybridations à visée commerciale.

Grosses poules

La rhode island rouge est une grosse poule d'environ 2,5 kg, le coq pesant pour sa part 3,6 kg et davantage. La silhouette est de forme rectangulaire, avec une ligne de dos horizontale.

▲ Un coq light sussex ; le plumage blanc herminé noir est le plus répandu.

Wyandotte

Cette race américaine fait partie d'une vaste famille. De nombreux coloris ont été standardisés, et une forme naine est très répandue. Elle fut initialement créée pour répondre à une demande de poule utilitaire de bonne taille, qui fût aussi jolie que la petite sebright (voir p. 90) au superbe liseré. La wyandotte argentée à liseré noir fut lentement développée entre 1864 et 1872. L'appellation wyandotte provient du nom que se donnait une tribu de Hurons (Wandat ou Wendat). Une variété dorée à liseré noir suivit peu après, puis d'autres variétés à liseré encore. Les formes crayonnées connurent à leur tour une grande popularité, dans le sillage des variétés crayonnées de la cochin et de la brahma.

La livrée perdrix évoque le plumage naturel du coq bankiva. Le coq présente une poitrine noire et un camail rouge ou orangé.

▲ Selon les souches dont ils sont issus, les coqs nains perdrix de race wyandotte arborent ou non des mouchetures sur la poitrine.

Arrondie

Ces grosses poules présentent une forme particulièrement arrondie, un corps large et généreusement emplumé, une poitrine et un derrière imposants – chez les poules, c'est signe de bonne aptitude à la ponte. La wyandotte possède des tarses jaunes, une tête courte et ronde, une crête frisée, des oreillons rouge vif et des yeux rouge orangé. Cette bonne poule à deux fins est docile, elle pond en abondance, couve bien et fait une bonne mère. Ses poussins sont généralement robustes et croissent vigoureusement. La silhouette attrayante, le caractère sympathique et les livrées souvent très plaisantes des wyandottes font de cette race un bon choix pour l'éleveur novice comme pour l'adepte des concours.

▲ Poulette wyandotte noire. La crête, frisée, épouse toujours étroitement le dessus de la tête.

Bon à savoir

Quelques chiffres

Ces poules pondent environ 200 œufs par an, avec des pointes à 240 pour certains sujets d'exception. Les œufs vont du brun clair au roux. Les poules pèsent environ 2,7 kg, les coqs quelque 4 kg.

Coloris

On dénombre plus de 20 couleurs. La première variété connue fut l'argentée, quelques années plus tard, on vit apparaître la dorée, la blanche, la fauve, la perdrix, la coucou, la bleue et la noire…

▲ Ce plumage lavande est de création récente. Les wyandottes sont déclinées en une grande diversité de livrées.

Les naines vraies ou bantam

Barbue d'Anvers

Cette élégantissime poule naine d'origine belge a vu sa popularité gagner d'autres contrées, et notamment la France et l'Angleterre au début du XXe siècle. Les sujets de cette race à la crête frisée doivent être aussi petits que possible et arborer une barbe et des favoris fournis, ainsi qu'une face évoquant celle du hibou. Le coloris le plus courant est une combinaison de fauve doré et de noir appelée « caille ». Les poules, d'un naturel avenant, s'apprivoisent aisément ; les coqs sont pour leur part fort vaniteux, qui paradent à l'envie dans la basse-cour (ceci en fait d'excellentes volailles de concours). En dépit de leur petite taille, ces oiseaux sont robustes et aiment avoir de l'espace.

▶ Coq barbu d'Anvers caille lavande. À la saison des amours, les coqs se montrent protecteurs à l'égard de leurs poules – celles-ci demeurant en toutes circonstances d'un naturel affable.

▲ Barbu d'Anvers caille bleu. L'extrémité pointue à l'arrière de la crête frisée doit suivre la ligne du col.

▲ Les zones blanches du plumage mille-fleurs s'agrandiront à mesure que cette poule barbue d'Uccle prendra de l'âge.

Barbue d'Uccle

Cette race aurait été développée dans les années 1890 à partir de sujets barbus d'Anvers et sabelpoot (voir p. 84). Elle est également originaire de Belgique, plus précisément de la commune d'Uccle, près de Bruxelles. Cette bantam doit présenter des favoris touffus, une crête simple, ainsi que des pattes et des pieds emplumés. La séduisante livrée mille-fleurs est constituée de plumes d'un riche acajou, qui laisse place à du noir puis à une extrémité blanche. Un autre coloris, appelé porcelaine, voit l'acajou remplacé par un jaune paille clair et le noir par un bleu lavande. Les poules, d'un caractère très doux, s'apprivoisent extrêmement bien. Les coqs en revanche, comme leurs homologues barbus d'Anvers, sont parfois agressifs. Ces oiseaux aiment avoir de l'espace, mais il convient de leur éviter la boue qui souillerait le plumage de leurs tarses.

Bon à savoir

Un petit bagarreur

Le coq barbu d'Anvers a la réputation de se montrer parfois agressifs à l'égard de ses maîtres : vous veillerez à le tenir éloigné des enfants jusqu'à ce que vous ayez pu jauger son tempérament individuel.

Conseil d'achat

Les barbus d'Anvers sont sujets à la maladie de Marek, affection virale susceptible de causer la paralysie, voire la mort. Assurez-vous auprès de l'éleveur que les sujets que vous envisagez d'acquérir ont bien été vaccinés.

Les cousins barbus

Le barbu de Watermael (ci-dessous) est une variété du barbu d'Anvers qui possède une huppe en sus de la barbe et des favoris caractéristiques. Autre variété, celle-là sans queue, le barbu de Grubbe.

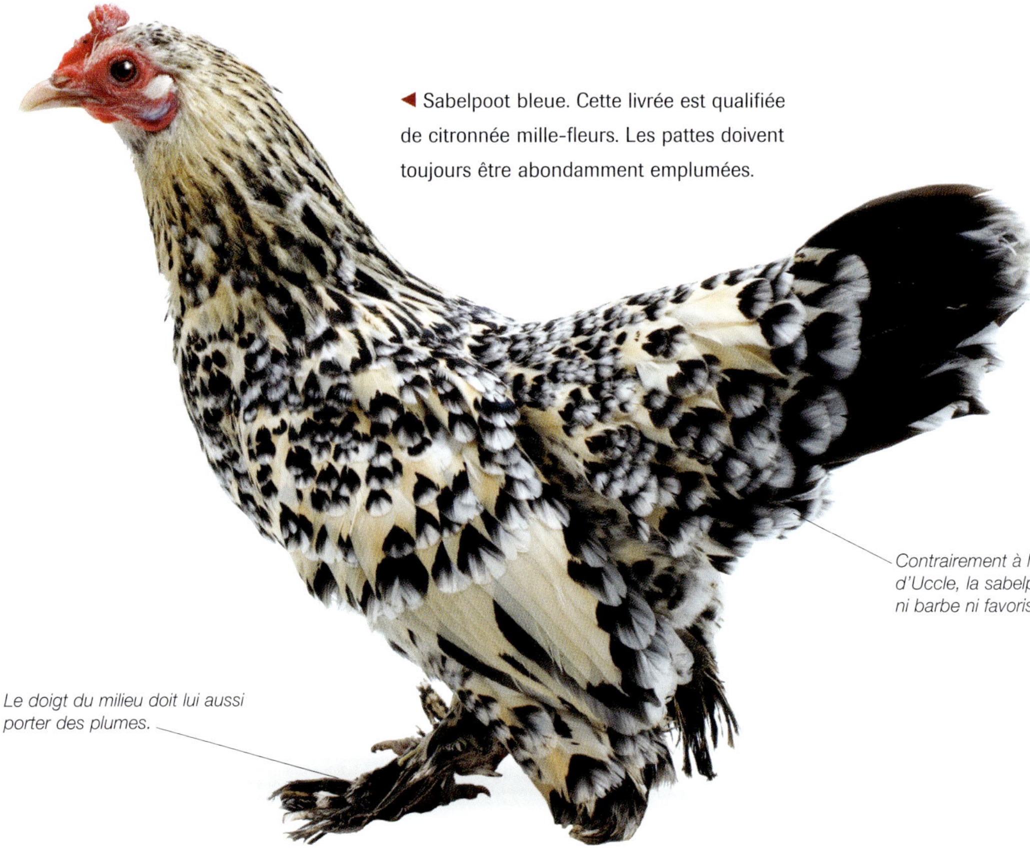

◀ Sabelpoot bleue. Cette livrée est qualifiée de citronnée mille-fleurs. Les pattes doivent toujours être abondamment emplumées.

Sabelpoot

Les sabelpoots sont parfois confondus avec les barbues d'Uccle (voir p. 83) mais l'absence de barbe ou de favoris autour de la face distingue cette race de la précédente. Ces vaillantes petites poules se présentent sous des atours variés, tels que l'argenté mille-fleurs, le caillouté sur fond fauve et le caillouté sur fond lavande. Cette race particulièrement populaire sur le continent européen serait originaire des Pays-Bas : certains documents du début du XVIIe siècle font état de l'existence de poules naines aux pattes emplumées. Leur nom vient du hollandais sabel (sabre) et poot (patte), et fait référence aux plumes rigides de leurs « jarrets de vautour ». Il est parfois délicat de tenir ces plumes bien propres, mais si vos poules ne sont pas destinées aux concours, sachez qu'elles se plaisent beaucoup au grand air.

Naine hollandaise

Ces minuscules bantams (les coqs ne pèsent qu'environ 500 g et les poules sont plus petites encore) ont été standardisées en 1906 aux Pays-Bas. La Hollandskriel (de son nom néerlandais) se signale par son port fier, son dos court, sa poitrine haute et pleine. Les ailes, plutôt grandes et longues, sont portées contre le corps. En dépit de sa modeste stature, la naine hollandaise est très robuste, d'une santé de fer. Elle constitue un choix idéal pour les débutants dans l'élevage des naines vraies. Elle se présente sous des livrées très variées et brille fréquemment dans les expositions. Si sa vocation est principalement ornementale, c'est une bonne pondeuse et une bonne couveuse (du fait de son faible gabarit toutefois, la poule naine hollandaise doit se contenter de couver peu d'œufs à la fois). Ces oiseaux vifs et allègres doivent cependant être protégés des rigueurs de l'hiver. Comme ils volent bien, il faut aussi prévoir un enclos adapté.

Bon à savoir

VACCINATION

Comme les barbues d'Anvers, certaines sabelpoots sont sujettes à la maladie de Marek, affection potentiellement mortelle. Il est donc conseillé de vérifier que votre éleveur a vacciné les sujets dont vous faites l'acquisition.

PETIT BAIN

Il convient de fournir aux poussins de naine hollandaise un abreuvoir peu profond, car ils s'exposent à des risques de noyade au cas où ils viendraient à tomber dans un récipient creux rempli d'eau.

Les naines hollandaises portent les ailes tombantes (comme ici ce coq).

◀ La naine hollandaise affiche des plumages aussi variés que somptueux (tel le mille-fleurs de ce coq). Les oreillons doivent être blancs et de forme ovale.

Chabo

Sélectionnée au Japon dès le VIIe siècle, à partir de souches indochinoises probablement, la chabo (anciennement appelée nagasaki, ou japonaise) fut introduite en Europe vers le XVIe siècle. Elle possède des pattes jaunes très courtes et une longue queue qui se dresse jusqu'à revenir vers l'avant au-dessus du corps (queue d'écureuil). La silhouette est en conséquence presque en U, les ailes étant portées si bas que leur pointe touche le sol. Ces oiseaux arborent une crête simple, aux dentelures régulières, souvent imposante chez le mâle ; la face et les oreillons sont rouge vif. Dotée de tarses très courts et d'un large corps, la chabo présente une démarche singulière, dandinée. Elle doit être logée dans un poulailler très propre pour ne pas que ses ailes soient souillées. La chabo risque de souffrir par mauvais temps en raison de ses courtes pattes et de son plumage salissant, mais elle vit heureuse dans un petit enclos bien net.

▼ La chabo, poule naine japonaise, convient à tout éleveur novice prêt à lui prodiguer les attentions nécessaires. Si elle semble assise, cette poule est en fait debout !

Parmi les caractéristiques à rechercher, privilégiez des pattes extrêmement courtes et une queue d'écureuil.

Nankin

La nankin tire son nom d'une cotonnade jaune, que l'on utilisait couramment dans la seconde moitié du XVIIIe siècle pour la confection de gilets, de pantalons et de guêtres. Le coloris de l'oiseau se rapproche fortement du jaune chamois de l'étoffe. Les nankins, à l'apparence affirmée, portent la poitrine en avant, le dos est incliné, les ailes sont tombantes (presque jusqu'au sol). Deux types de crête sont autorisés : la crête simple est la plus courante, mais l'on rencontre aussi des sujets à crête frisée. Les tarses sont bleus ou blanc bleuté. Les nankins sont de bonnes pondeuses (pour des naines d'origine), couveuses et mères.

Bon à savoir

PEINTURE DE GENRE

Le peintre néerlandais du XVIIe siècle Jan Steen réalisa La Basse-Cour en 1660 : parmi les nombreuses volailles représentées figure un coq nain aux courtes pattes et à la queue dressée, sans doute un chabo.

FÉCONDITÉ EN BERNE

Du fait de sa morphologie, et notamment de la longueur extrêmement réduite des pattes, la race chabo souffre d'une piètre fécondité : un quart environ des œufs n'éclosent pas.

PRUDENCE

La nankin convient à l'éleveur novice, mais il importe d'être prudent à la saison des amours, car alors certains coqs ont tendance à se montrer agressifs envers leurs maîtres.

◀ Notez la riche coloration jaune chamois, évoquant celle du nankin, qui donne son nom à cette race.

Pékin

L'histoire de cette poule naine est hors du commun : au cours des guerres de l'Opium qui opposèrent la Grande-Bretagne à la Chine au milieu du XIXe siècle, les troupes britanniques pillèrent le palais impérial à Pékin. Or, il semble que des spécimens de cette race bantam aient figuré parmi le butin rapporté en Angleterre. La poule naine de Pékin y fut rapidement adoptée, et au cours des années qui suivirent, d'autres sujets furent importés. Rien ne permet de penser que la pékin résulte d'une nanification de la cochin, même si dans certains pays, on la désigne sous l'appellation de « cochin naine ». Il est probable que ces oiseaux furent en réalité sélectionnés en tant qu'animaux familiers de la cour impériale, à partir de poules naines à pattes emplumées très répandues à cette époque.

▼ Une pékin au plumage caillouté de bleu. Cette race se signale par sa personnalité enjouée ; elle aime la compagnie des hommes et adore qu'on soit aux petits soins avec elle.

▲ Poule pékin au plumage coucou citronné.

Apparence et caractère

La pékin doit ressemble à une boule de plumes, ou plutôt à deux boules, car la queue semble une excroissance arrondie du reste de l'oiseau. Les pattes sont très courtes, à tel point qu'on croit la poule assise quand elle est en fait debout. Les pékins affichent des livrées aussi spectaculaires que variées ; il existe même une variante aux plumes frisées, ébouriffées vers l'avant en direction de la face. Les pékins ne causent guère de dégâts dans le jardin, le plumage de leurs pattes faisant qu'elles n'abîment pas les plantes. Un tel plumage signifie cependant que ces poules ont besoin de davantage d'attention que d'autres races pour demeurer belles, mais leur tempérament docile les rend idéales pour les éleveurs débutants et ce sont d'excellents animaux de compagnie pour les enfants.

Bon à savoir

Amour maternel

Si la pékin est avant tout élevée comme animal d'ornement et de compagnie, elle n'en pond pas moins un nombre honorable d'œufs. Elle couve bien et se montre une mère attentive.

Toute petite

Plus petite que les poules naines « ordinaires », la pékin n'excède généralement pas les 20 à 30 cm de haut (tête dressée). Leur port est incliné vers l'avant, avec la tête un peu plus proche du sol que la queue au plumage imposant.

▼ Un coq et une poule pékin (à g. et à dr., respectivement) lavande.

Sebright

Ce bel oiseau est originaire d'Angleterre. Au début du XIXe siècle, un groupe d'amateurs de volailles d'ornement entreprit de créer une race « parfaite ». Parmi ces passionnés figurait sir John Sebright, député au Parlement britannique et éleveur de renom. On ne sait pas précisément quelles races donnèrent la sebright, mais il semble qu'une nankin (voir p. 87) et un coq combattant furent impliqués. Les spectaculaires liserés de son plumage auraient fait leur apparition après l'acquisition d'un sujet à liseré (peut-être une padoue) en provenance d'un jardin zoologique voisin. Chaque plume est liserée de noir, ce qui rend la coloration de fond d'autant plus éclatante. Le premier plumage créé fut le doré à liseré noir, suivi de l'argenté à liseré noir.

▼ Un coq sebright. Si le standard exige une face couleur de mûre, cette teinte apparaît rarement chez le coq.

Le coq sebright est dépourvu de faucilles à la queue, de véritable camail et de lancettes : coq et poule sont donc d'apparence très similaire.

Les tarses doivent être gris-bleu, dépourvus de plumage ; les doigts, au nombre de quatre, sont également gris-bleu.

Une vraie star

La sebright est certainement l'une des plus belles poules naines qui soient, mais il faut signaler qu'elle n'est pas faite pour l'éleveur débutant. Elle a en effet une tendance à la névrose. Il est souvent difficile d'introduire un nouveau sujet dans un élevage, car les pensionnaires installées sont susceptibles de se comporter avec agressivité à l'égard de la nouvelle venue. C'est pourquoi il est préférable d'élever ces oiseaux par paires. Cette poule n'est pas une grande pondeuse (de 60 à 80 petits œufs de couleur crème par an), mais pour les amateurs avertis, ces beautés à liseré valent tous les efforts : c'est un bonheur de tous les instants que de les voir arpenter allègrement le jardin.

Bon à savoir

Un plumage de poule

Le coq sebright porte ce que l'on appelle un plumage de poule : il ne possède ni faucilles à la queue (pas plus que de lancettes à la selle ou de véritable camail), de sorte que leur queue ressemble à celle des femelles, dont ils partagent la superbe livrée à liseré.

Facteur santé

À l'instar d'autres races naines, la sebright est vulnérable face à la maladie de Marek, potentiellement mortelle. On vérifiera donc avant d'acheter que l'éleveur a bien procédé à la vaccination.

Petit petit !

La sebright est l'une des plus petites races naines qui soient : la poule ne pèse que 570 g en moyenne, et le coq guère davantage (625 g).

Le brun doré du plumage est homogène, chaud et intense.

▲ Une poule sebright dorée. Chaque plume doit être nettement bordée d'un liseré noir régulier.

Les rectrices, comme toutes les autres plumes, doivent être exemptes de taches sombres.

Glossaire

Abreuvoir : contenant pour l'eau destinée aux oiseaux.

Bain de poussière : les poules utilisent la poussière sèche, de terre ou de sable, pour se débarrasser des parasites (acariens ou poux) présents dans leurs plumes.

Bantam : sur un plan technique, les poules « bantam » ou naines n'ont pas d'équivalent de grande taille. Ce sont des naines « vraies » ou « d'origine ». De nombreuses petites volailles sont appelées « bantam », mais ce sont en réalité des « miniatures » ou de petits individus d'une espèce plus grande.

Barbillon : appendices barbus pendant de chaque côté de la mandibule inférieure du bec.

Bréchet : os de la poitrine chez la poule.

Coq : oiseau adulte après sa première mue.

Coquelet : jeune oiseau mâle.

Coupe des ailes : pratique consistant à raccourcir les rémiges primaires et secondaires d'une aile pour empêcher l'oiseau de voler.

Crête à pois : crête qui semble être formée de trois crêtes distinctes, celle du milieu étant la plus large.

Crête en rose : crête large, quasiment plate au sommet et couverte de petites excroissances se terminant par un éperon.

Crête : excroissance charnue rouge dressée sur la tête de la majorité des poules.

Crête simple : crête droite et plate surmontée de dents.

Cuticule : dernière membrane se formant sur l'œuf dans le vagin de la poule. Elle fait office de barrière contre les organismes pathogènes.

Écailles : petites plaques en tissu corné qui couvrent les tarses et les doigts.

Gésier : organe interne de la poule où elle accumule des petits graviers qui broient les aliments et facilitent ainsi leur digestion.

Granulés : type d'aliments composés d'une fine pâtée compressée en petits morceaux.

Grit : matière pierreuse insoluble dont on alimente les poules pour en garnir le gésier ; les coquilles d'huître broyées sont également employées.

Hybrides : oiseaux obtenus par croisement de deux espèces différentes dans l'objectif de réunir les qualités de chacune, par exemple être une bonne pondeuse et fournir une bonne quantité de chair.

Jabot : partie du système prédigestif de la poule. Les aliments sont stockés dans cet organe à la base du cou et y sont ramollis avant la poursuite du processus digestif.

Mue : période pendant laquelle les plumes tombent et sont remplacées par de nouvelles ; elle dure environ six à huit semaines.

Oreillon : partie charnue proche des oreilles.

Orifice anal : orifice par lequel sont évacués les œufs et les déjections, en bas du dos.

Pâtée : mélange d'aliments broyés (sèche ou mouillée).

Poule : femelle après son premier cycle de ponte, vers l'âge de 1 an et demi.

Poulet : techniquement, nom d'un oiseau de l'année (mâle ou femelle).

Poulette : oiseau femelle de l'année.

Prête à pondre : se dit d'une poulette de 18 semaines, âge auquel l'oiseau devrait commencer à pondre. Il se peut que le premier œuf n'arrive cependant qu'au cours des quatre semaines suivantes.

Race pure : espèce qui n'a été croisée avec aucune autre, ni avec d'autres variétés de sa propre espèce.

Rémiges : les plus grandes plumes sur le bord de l'aile lorsqu'elle est déployée.

Rémiges primaires : les dix premières plumes sur l'aile, de l'extrémité vers le corps. Elles sont invisibles quand l'oiseau est au repos.

Tache de sang : défaut sur un œuf provoqué par la rupture de vaisseaux sanguins chez la poule ; l'œuf est peu appétissant mais néanmoins comestible.

► Un coq marans froment déploie sa crête et ses barbillons superbes pour se montrer sous son jour le plus avantageux.

Index

Crédits photographiques

Toutes les photographies sont de **Neil Sutherland/Interpet Publishing** et de **Geoff Rogers/Interpet Publishing,** excepté les suivantes :
Jane Burton, Warren Photographic : 5, 46, 47.
Fishers Woodcraft : 12 d (les deux).
Forshams Cottage Arks : 13, 14 b, 15 g (les deux), 20 h, 24 bg, 47 h.
iStockphoto.com : 61 d (Mary Lee Woodward), 79 bd (Ken Hewitt).
Omlet : 18-19, 19 d.
Shutterstock.com : 19 bg (Richard Pratt).
US Department of Agriculture : 53.
Wikimedia Commons : 51 h (Gmoose1).